필요할 때
찾아보는

교정·교열
안내서

북즐 활용 시리즈 18

필요할 때 찾아보는

교정 · 교열
안　내　서

북즐 활용 시리즈 18 ──────────

필요할 때 찾아보는
교정·교열 안내서

펴 낸 날　초판 1쇄 2024년 5월 28일

──────────────────────

엮 은 이　편집부
펴 낸 곳　투데이북스
펴 낸 이　이시우
교정 · 교열　김지연
편집 디자인　박정호
표지 디자인　D&A design
출판등록　2011년 3월 17일 제 307-2013-64 호
주　　소　서울특별시 성북구 솔샘로25길 28
대표전화　070-7136-5700　팩스 02) 6937-1860
홈페이지　http://www.todaybooks.co.kr
도서목록　https://todaybooks.wixsite.com/todaybooks
페이스북　http://www.facebook.com/todaybooks
전자우편　ec114@hanmail.net

ISBN 979-11-978920-9-7 13700

18

북즐
활용 시리즈

필요할 때
찾아보는
교정·교열
안내서

편집부 엮음

투데이북스
TodayBooks

이 책은 책을 편집하는 편집자나 글이나 문서를 작성하는 독자들이 필요할 때 찾아볼 수 있도록 재구성한 교정·교열 안내서입니다. 책을 쓰는 작가나 문서작성을 하는 모든 분에게 필요하도록 구성했습니다.

책의 구성은 제1부~제5부로 되어있습니다.

〈제1부 한글 맞춤법〉에서는 총칙, 자모, 소리에 관한 것, 형태에 관한 것, 띄어쓰기, 문장 부호에 대해 정리했습니다.

〈제2부 표준어 규정〉에서는 발음 변화에 따른 표준어 규정, 어휘 선택의 변화에 따른 표준어 규정에 대해 정리했습니다.

〈제3부 외래어 표기법〉에서는 표기의 기본 원칙, 표기 일람표, 표기 세칙, 인명과 지명 표기의 원칙에 대해 정리했습니다.

〈제4부 외래어 표기 용례〉에서는 외래어 표기를 A~Z까지로 용어들을 순서대로 정리했습니다.

〈제5부 교정·교열에 도움이 되는 내용〉에서는 투데이북스 편집부에서 책을 편집하고 교정·교열하는 과정에서 많이 사용되는 내용을 포함하여 표기상 틀리기 쉬운 어휘, 우리말로 써야 할 외래어로 정리했습니다.

작가에게 받은 원고를 편집부에서 필요한 경우 다시 Part나 장으로 나누고 목차와 별면 등을 만드는 작업한 후 교정·교열 작업에 들어갑니다. 때에 따라서는 교정·교열 작업을 마친 후 중간중간에 하기도 합니다. 이 과정은 최소 3번 정도로 진행이 됩니다. 작가에게 문의해서 수정해야 하는 단어도 있지만, 자주 사용되는 단어의 경우 이 책에서 그 답을 찾을 수 있도록 하는 것이 이 책의 목표입니다.

이 책이 출판사에 근무하는 출판인 이외에도 책을 쓰는 작가, 글쓰기가 필요한 일반인, 회사에서 문서작성이 필요한 직장인, 공문서 작성을 해야 하는 공무원 등에게 필요한 책이 되었으면 합니다. 이 책은 정독보다는 필요할 때마다 필요한 부분을 찾아서 참고할 수 있도록 편집이 되어있습니다. 그러므로 그 부분을 잘 활용하면 좋겠습니다.

마지막으로 이번 책을 디자인한 「D&A design」 담당자님에게 진심으로 감사드리며 이 책이 출판편집 및 교정·교열을 하는 사람들, 글쓰기가 필요한 사람들, 나아가 책을 사랑하는 많은 독자들에게 도움이 되었으면 합니다.

투데이북스 편집부

목차

제2부 표준어 규정

제3부 외래어 표기법

제4부 외래어 표기 용례

제5부 교정·교열에 도움이 되는 내용

제1부

한글 맞춤법

일러두기

[한글 맞춤법]은 문화체육관광부 고시 제2017-12호(2017. 3. 28.)이다.

제1장 총칙

제1항 한글 맞춤법은 표준어를 소리대로 적되, 어법에 맞도록
함을 원칙으로 한다.

제2항 문장의 각 단어는 띄어 씀을 원칙으로 한다.

제3항 외래어는 '외래어 표기법'에 따라 적는다.

제2장 자모

제4항 한글 자모의 수는 스물넉 자로 하고, 그 순서와 이름은
다음과 같이 정한다.

ㄱ(기역)	ㄴ(니은)	ㄷ(디귿)	ㄹ(리을)	ㅁ(미음)
ㅂ(비읍)	ㅅ(시옷)	ㅇ(이응)	ㅈ(지읒)	ㅊ(치읓)
ㅋ(키읔)	ㅌ(티읕)	ㅍ(피읖)	ㅎ(히읗)	
ㅏ(아)	ㅑ(야)	ㅓ(어)	ㅕ(여)	ㅗ(오)
ㅛ(요)	ㅜ(우)	ㅠ(유)	ㅡ(으)	ㅣ(이)

[붙임 1] 위의 자모로써 적을 수 없는 소리는 두 개 이상의 자모를
어울러서 적되, 그 순서와 이름은 다음과 같이 정한다.

ㄲ(쌍기역)	ㄸ(쌍디귿)	ㅃ(쌍비읍)	ㅆ(쌍시옷)	ㅉ(쌍지읒)	
ㅐ(애)	ㅒ(얘)	ㅔ(에)	ㅖ(예)	ㅘ(와)	ㅙ(왜)
ㅚ(외)	ㅝ(워)	ㅞ(웨)	ㅟ(위)	ㅢ(의)	

[붙임 2] 사전에 올릴 적의 자모 순서는 다음과 같이 정한다.

자음: ㄱ ㄲ ㄴ ㄷ ㄸ ㄹ ㅁ ㅂ
      ㅃ ㅅ ㅆ ㅇ ㅈ ㅉ ㅊ ㅋ
      ㅌ ㅍ ㅎ

모음: ㅏ ㅐ ㅑ ㅒ ㅓ ㅔ ㅕ ㅖ
      ㅗ ㅘ ㅙ ㅚ ㅛ ㅜ ㅝ ㅞ
      ㅟ ㅠ ㅡ ㅢ ㅣ

제3장 소리에 관한 것

제1절 된소리

제5항 한 단어 안에서 뚜렷한 까닭 없이 나는 된소리는 다음 음절의 첫소리를 된소리로 적는다.

1. 두 모음 사이에서 나는 된소리

소쩍새	어깨	오빠	으뜸	아끼다
기쁘다	깨끗하다	어떠하다	해쓱하다	가끔
거꾸로	부썩	어찌	이따금	

2. 'ㄴ, ㄹ, ㅁ, ㅇ' 받침 뒤에서 나는 된소리

산뜻하다	잔뜩	살짝	훨씬	담뿍
움찔	몽땅	엉뚱하다		

다만, ' ㄱ, ㅂ' 받침 뒤에서 나는 된소리는, 같은 음절이나 비슷한 음절이 겹쳐 나는 경우가 아니면 된소리로 적지 아니한다.

국수	깍두기	딱지	색시	싹둑(~싹둑)
법석	갑자기	몹시		

제2절 구개음화

제6항 ' ㄷ, ㅌ' 받침 뒤에 종속적 관계를 가진 '-이(-)'나 '-히-'가 올 적에는 그 ' ㄷ, ㅌ'이 ' ㅈ, ㅊ'으로 소리 나더라도 ' ㄷ, ㅌ'으로 적는다(ㄱ을 취하고, ㄴ을 버림).

ㄱ	ㄴ	ㄱ	ㄴ
맏이	마지	핥이다	할치다
해돋이	해도지	걷히다	거치다
굳이	구지	닫히다	다치다
같이	가치	묻히다	무치다
끝이	끄치		

제3절 ' ㄷ' 소리 받침

제7항 ' ㄷ' 소리로 나는 받침 중에서 ' ㄷ'으로 적을 근거가 없는

것은 'ㅅ'으로 적는다.

덧저고리	돗자리	엇셈	웃어른	핫옷
무릇	사뭇	얼핏	자칫하면	뭇[衆]
옛	첫	헛		

제4절 모음

제8항 '계, 례, 몌, 폐, 혜'의 'ㅖ'는 'ㅔ'로 소리 나는 경우가 있더라도 'ㅖ'로 적는다(ㄱ을 취하고, ㄴ을 버림).

ㄱ	ㄴ		ㄱ	ㄴ
계수(桂樹)	게수		혜택(惠澤)	헤택
사례(謝禮)	사레		계집	게집
연몌(連袂)	연메		핑계	핑게
폐품(廢品)	페품		계시다	게시다

다만, 다음 말은 본음대로 적는다.

게송(偈頌)   게시판(揭示板)   휴게실(休憩室)

제9항 '의'나, 자음을 첫소리로 가지고 있는 음절의 'ㅢ'는 'ㅣ'로 소리 나는 경우가 있더라도 'ㅢ'로 적는다(ㄱ을 취하고,

ㄴ을 버림).

ㄱ	ㄴ	ㄱ	ㄴ
의의(意義)	의이	닝큼	닝큼
본의(本義)	본이	띄어쓰기	띠어쓰기
무늬[紋]	무니	씌어	씨어
보늬	보니	틔어	티어
오늬	오니	희망(希望)	히망
하늬바람	하니바람	희다	히다
닐리리	닐리리	유희(遊戲)	유히

제5절 두음 법칙

제10항 한자음 '녀, 뇨, 뉴, 니'가 단어 첫머리에 올 적에는, 두
음 법칙에 따라 '여, 요, 유, 이'로 적는다(ㄱ을 취하고,
ㄴ을 버림).

ㄱ	ㄴ	ㄱ	ㄴ
여자(女子)	녀자	유대(紐帶)	뉴대
연세(年歲)	년세	이토(泥土)	니토
요소(尿素)	뇨소	익명(匿名)	닉명

다만, 다음과 같은 의존 명사에서는 '냐, 녀' 음을 인정한다.

냥(兩)　　　냥쭝(兩-)　　　년(年)(몇 년)

[붙임 1] 단어의 첫머리 이외의 경우에는 본음대로 적는다.

남녀(男女)　　　당뇨(糖尿)　　　결뉴(結紐)　　　은닉(隱匿)

[붙임 2] 접두사처럼 쓰이는 한자가 붙어서 된 말이나 합성어에서, 뒷말의 첫소리가 'ㄴ' 소리로 나더라도 두음 법칙에 따라 적는다.

신여성(新女性)　　　공염불(空念佛)　　　남존여비(男尊女卑)

[붙임 3] 둘 이상의 단어로 이루어진 고유 명사를 붙여 쓰는 경우에도 **[붙임 2]**에 준하여 적는다.

한국여자대학　　　대한요소비료회사

제11항 한자음 '랴, 려, 례, 료, 류, 리'가 단어의 첫머리에 올 적에는, 두음 법칙에 따라 '야, 여, 예, 요, 유, 이'로 적는다 (ㄱ을 취하고, ㄴ을 버림).

ㄱ	ㄴ	ㄱ	ㄴ
양심(良心)	량심	용궁(龍宮)	룡궁
역사(歷史)	력사	유행(流行)	류행
예의(禮儀)	례의	이발(理髮)	리발

다만, 다음과 같은 의존 명사는 본음대로 적는다.

리(里): 몇 리냐?

리(理): 그럴 리가 없다.

[붙임 1] 단어의 첫머리 이외의 경우에는 본음대로 적는다.

개량(改良)	선량(善良)	수력(水力)	협력(協力)
사례(謝禮)	혼례(婚禮)	와룡(臥龍)	쌍룡(雙龍)
하류(下流)	급류(急流)	도리(道理)	진리(眞理)

다만, 모음이나 'ㄴ' 받침 뒤에 이어지는 '렬, 률'은 '열, 율'로 적는다(ㄱ을 취하고, ㄴ을 버림).

ㄱ	ㄴ	ㄱ	ㄴ
나열(羅列)	나렬	분열(分裂)	분렬
치열(齒列)	치렬	선열(先烈)	선렬
비열(卑劣)	비렬	진열(陳列)	진렬

규율(規律)	규률	선율(旋律)	선률
비율(比率)	비률	전율(戰慄)	전률
실패율(失敗率)	실패률	백분율(百分率)	백분률

[붙임 2] 외자로 된 이름을 성에 붙여 쓸 경우에도 본음대로 적을 수 있다.

신립(申砬)   최린(崔麟)   채륜(蔡倫)   하륜(河崙)

[붙임 3] 준말에서 본음으로 소리 나는 것은 본음대로 적는다.

국련(국제 연합)   한시련(한국 시각 장애인 연합회)

[붙임 4] 접두사처럼 쓰이는 한자가 붙어서 된 말이나 합성어에서, 뒷말의 첫소리가 'ㄴ' 또는 'ㄹ' 소리로 나더라도 두음법칙에 따라 적는다.

역이용(逆利用)   연이율(年利率)   열역학(熱力學)
해외여행(海外旅行)

[붙임 5] 둘 이상의 단어로 이루어진 고유 명사를 붙여 쓰는 경우나 십진법에 따라 쓰는 수(數)도 **[붙임 4]**에 준하여 적

는다.

서울여관   신흥이발관   육천육백육십육(六千六百六十六)

제12항 한자음 '라, 래, 로, 뢰, 루, 르'가 단어의 첫머리에 올 적
에는, 두음 법칙에 따라 '나, 내, 노, 뇌, 누, 느'로 적는다
(ㄱ을 취하고, ㄴ을 버림).

ㄱ	ㄴ	ㄱ	ㄴ
낙원(樂園)	락원	뇌성(雷聲)	뢰성
내일(來日)	래일	누각(樓閣)	루각
노인(老人)	로인	능묘(陵墓)	릉묘

[붙임 1] 단어의 첫머리 이외의 경우에는 본음대로 적는다.

쾌락(快樂)	극락(極樂)	거래(去來)	왕래(往來)
부로(父老)	연로(年老)	지뢰(地雷)	낙뢰(落雷)
고루(高樓)	광한루(廣寒樓)	동구릉(東九陵)	가정란(家庭欄)

[붙임 2] 접두사처럼 쓰이는 한자가 붙어서 된 단어는 뒷말을 두
음 법칙에 따라 적는다.

내내월(來來月)   상노인(上老人)   중노동(重勞動)

비논리적(非論理的)

제6절 겹쳐 나는 소리

제13항 한 단어 안에서 같은 음절이나 비슷한 음절이 겹쳐 나는 부분은 같은 글자로 적는다(ㄱ을 취하고, ㄴ을 버림).

ㄱ	ㄴ	ㄱ	ㄴ
딱딱	딱닥	꼿꼿하다	꼿곳하다
쌕쌕	쌕색	놀놀하다	놀롤하다
씩씩	씩식	눅눅하다	눙눅하다
똑딱똑딱	똑닥똑닥	밋밋하다	민밋하다
쓱싹쓱싹	쓱삭쓱삭	싹싹하다	싹삭하다
연연불망(戀戀不忘)	연련불망	쌉쌀하다	쌉살하다
유유상종(類類相從)	유류상종	씁쓸하다	씁슬하다
누누이(屢屢-)	누루이	짭짤하다	짭잘하다

제4장 형태에 관한 것

제1절　체언과 조사

제14항 체언은 조사와 구별하여 적는다.

떡이	떡을	떡에	떡도	떡만
손이	손을	손에	손도	손만
팔이	팔을	팔에	팔도	팔만
밤이	밤을	밤에	밤도	밤만
집이	집을	집에	집도	집만
옷이	옷을	옷에	옷도	옷만
콩이	콩을	콩에	콩도	콩만
낮이	낮을	낮에	낮도	낮만
꽃이	꽃을	꽃에	꽃도	꽃만
밭이	밭을	밭에	밭도	밭만
앞이	앞을	앞에	앞도	앞만
밖이	밖을	밖에	밖도	밖만
넋이	넋을	넋에	넋도	넋만
흙이	흙을	흙에	흙도	흙만

삶이	삶을	삶에	삶도	삶만
여덟이	여덟을	여덟에	여덟도	여덟만
곬이	곬을	곬에	곬도	곬만
값이	값을	값에	값도	값만

제2절 어간과 어미

제15항 용언의 어간과 어미는 구별하여 적는다.

먹다	먹고	먹어	먹으니
신다	신고	신어	신으니
믿다	믿고	믿어	믿으니
울다	울고	울어	(우니)
넘다	넘고	넘어	넘으니
입다	입고	입어	입으니
웃다	웃고	웃어	웃으니
찾다	찾고	찾아	찾으니
좇다	좇고	좇아	좇으니
같다	같고	같아	같으니
높다	높고	높아	높으니
좋다	좋고	좋아	좋으니
깎다	깎고	깎아	깎으니

앉다	앉고	앉아	앉으니
많다	많고	많아	많으니
늙다	늙고	늙어	늙으니
젊다	젊고	젊어	젊으니
넓다	넓고	넓어	넓으니
훑다	훑고	훑어	훑으니
읊다	읊고	읊어	읊으니
옳다	옳고	옳아	옳으니
없다	없고	없어	없으니
있다	있고	있어	있으니

[붙임 1] 두 개의 용언이 어울려 한 개의 용언이 될 적에, 앞말의 본뜻이 유지되고 있는 것은 그 원형을 밝히어 적고, 그 본뜻에서 멀어진 것은 밝히어 적지 아니한다.

(1) 앞말의 본뜻이 유지되고 있는 것

넘어지다	늘어나다	늘어지다	돌아가다	되짚어가다
들어가다	떨어지다	벌어지다	엎어지다	접어들다
틀어지다	흩어지다			

(2) 본뜻에서 멀어진 것

드러나다　　사라지다　　쓰러지다

[붙임 2] 종결형에서 사용되는 어미 '-오'는 '요'로 소리 나는 경우
가 있더라도 그 원형을 밝혀 '오'로 적는다(ㄱ을 취하고,
ㄴ을 버림).

ㄱ	ㄴ
이것은 책이오.	이것은 책이요.
이리로 오시오.	이리로 오시요.
이것은 책이 아니오.	이것은 책이 아니요.

[붙임 3] 연결형에서 사용되는 '이요'는 '이요'로 적는다(ㄱ을 취하
고, ㄴ을 버림).

ㄱ	ㄴ
이것은 책이요, 저것은 붓이요,	이것은 책이오, 저것은 붓이오,
또 저것은 먹이다.	또 저것은 먹이다.

제16항 어간의 끝음절 모음이 'ㅏ, ㅗ'일 때에는 어미를 '-아'로
적고, 그 밖의 모음일 때에는 '-어'로 적는다.

1. '-아'로 적는 경우

나아	나아도	나아서
막아	막아도	막아서
얇아	얇아도	얇아서
돌아	돌아도	돌아서
보아	보아도	보아서

2. '-어'로 적는 경우

개어	개어도	개어서
겪어	겪어도	겪어서
되어	되어도	되어서
베어	베어도	베어서
쉬어	쉬어도	쉬어서
저어	저어도	저어서
주어	주어도	주어서
피어	피어도	피어서
희어	희어도	희어서

제17항 어미 뒤에 덧붙는 조사 '요'는 '요'로 적는다.

읽어	읽어요
참으리	참으리요
좋지	좋지요

제18항 다음과 같은 용언들은 어미가 바뀔 경우, 그 어간이나 어미가 원칙에 벗어나면 벗어나는 대로 적는다.

1. 어간의 끝 'ㄹ'이 줄어질 적

갈다:	가니	간	갑니다	가시다	가오
놀다:	노니	논	놉니다	노시다	노오
불다:	부니	분	붑니다	부시다	부오
둥글다:	둥그니	둥근	둥급니다	둥그시다	둥그오
어질다:	어지니	어진	어집니다	어지시다	어지오

[붙임] 다음과 같은 말에서도 'ㄹ'이 준 대로 적는다.

마지못하다	마지않다	(하)다마다	(하)자마자
(하)지 마라	(하)지 마(아)		

2. 어간의 끝 'ㅅ'이 줄어질 적

긋다:	그어	그으니	그었다
낫다:	나아	나으니	나았다
잇다:	이어	이으니	이었다
짓다:	지어	지으니	지었다

3. 어간의 끝 'ㅎ'이 줄어질 적

그렇다:	그러니	그럴	그러면	그러오
까맣다:	까마니	까말	까마면	까마오
동그랗다:	동그라니	동그랄	동그라면	동그라오
퍼렇다:	퍼러니	퍼럴	퍼러면	퍼러오
하얗다:	하야니	하얄	하야면	하야오

4. 어간의 끝 'ㅜ, ㅡ'가 줄어질 적

푸다:	퍼	펐다		뜨다:	떠	떴다
끄다:	꺼	껐다		크다:	커	컸다
담그다:	담가	담갔다		고프다:	고파	고팠다
따르다:	따라	따랐다		바쁘다:	바빠	바빴다

5. 어간의 끝 'ㄷ'이 'ㄹ'로 바뀔 적

걷다[步]:	걸어	걸으니	걸었다
듣다[聽]:	들어	들으니	들었다
묻다[問]:	물어	물으니	물었다
싣다[載]:	실어	실으니	실었다

6. 어간의 끝 'ㅂ'이 'ㅜ'로 바뀔 적

깁다:	기워	기우니	기웠다
굽다[炙]:	구워	구우니	구웠다
가깝다:	가까워	가까우니	가까웠다
괴롭다:	괴로워	괴로우니	괴로웠다
맵다:	매워	매우니	매웠다
무겁다:	무거워	무거우니	무거웠다
밉다:	미워	미우니	미웠다
쉽다:	쉬워	쉬우니	쉬웠다

다만, '돕-, 곱-'과 같은 단음절 어간에 어미 '-아'가 결합되어 '와'로 소리 나는 것은 '-와'로 적는다.

돕다[助]:	도와	도와서	도와도	도왔다
곱다[麗]:	고와	고와서	고와도	고왔다

7. '하다'의 활용에서 어미 '-아'가 '-여'로 바뀔 적

<table>
<tr><td>하다:</td><td>하여</td><td>하여서</td><td>하여도</td><td>하여라</td><td>하였다</td></tr>
</table>

8. 어간의 끝음절 '르' 뒤에 오는 어미 '-어'가 '-러'로 바뀔 적

<table>
<tr><td>이르다[至]:</td><td>이르러</td><td>이르렀다</td></tr>
<tr><td>노르다:</td><td>노르러</td><td>노르렀다</td></tr>
<tr><td>누르다:</td><td>누르러</td><td>누르렀다</td></tr>
<tr><td>푸르다:</td><td>푸르러</td><td>푸르렀다</td></tr>
</table>

9. 어간의 끝음절 '르'의 'ㅡ'가 줄고, 그 뒤에 오는 어미 '-아/-어'가 '-라/-러'로 바뀔 적

<table>
<tr><td>가르다:</td><td>갈라</td><td>갈랐다</td><td>부르다:</td><td>불러</td><td>불렀다</td></tr>
<tr><td>거르다:</td><td>걸러</td><td>걸렀다</td><td>오르다:</td><td>올라</td><td>올랐다</td></tr>
<tr><td>구르다:</td><td>굴러</td><td>굴렀다</td><td>이르다:</td><td>일러</td><td>일렀다</td></tr>
<tr><td>벼르다:</td><td>별러</td><td>별렀다</td><td>지르다:</td><td>질러</td><td>질렀다</td></tr>
</table>

제3절 접미사가 붙어서 된 말

제19항 어간에 '-이'나 '-음/-ㅁ'이 붙어서 명사로 된 것과 '-이'

나 '-히'가 붙어서 부사로 된 것은 그 어간의 원형을 밝혀어 적는다.

1. '-이'가 붙어서 명사로 된 것

길이	깊이	높이	다듬이	땀받이	달맞이
먹이	미닫이	벌이	벼훑이	살림살이	쇠붙이

2. '-음/-ㅁ'이 붙어서 명사로 된 것

걸음	묶음	믿음	얼음	엮음	울음
웃음	졸음	죽음	앎		

3. '-이'가 붙어서 부사로 된 것

같이	굳이	길이	높이	많이	실없이
좋이	짓궂이				

4. '-히'가 붙어서 부사로 된 것

밝히	익히	작히

다만, 어간에 '-이'나 '-음'이 붙어서 명사로 바뀐 것이라도 그

어간의 뜻과 멀어진 것은 원형을 밝히어 적지 아니한다.

굽도리	다리[髢]	목거리(목병)	무녀리
코끼리	거름(비료)	고름[膿]	노름(도박)

[붙임] 어간에 '-이'나 '-음' 이외의 모음으로 시작된 접미사가 붙어서 다른 품사로 바뀐 것은 그 어간의 원형을 밝히어 적지 아니한다.

(1) 명사로 바뀐 것

귀머거리	까마귀	너머	뜨더귀	마감
마개	마중	무덤	비렁뱅이	쓰레기
올가미	주검			

(2) 부사로 바뀐 것

거뭇거뭇	너무	도로	뜨덤뜨덤	바투
불긋불긋	비로소	오긋오긋	자주	차마

(3) 조사로 바뀌어 뜻이 달라진 것

나마	부터	조차

제20항 명사 뒤에 '-이'가 붙어서 된 말은 그 명사의 원형을 밝히어 적는다.

1. 부사로 된 것

곳곳이　　낱낱이　　몫몫이　　샅샅이　　앞앞이　　집집이

2. 명사로 된 것

곰배팔이　　　바둑이　　　　삼발이　　　　애꾸눈이

육손이　　　절뚝발이/절름발이

[붙임]　'-이' 이외의 모음으로 시작된 접미사가 붙어서 된 말은 그 명사의 원형을 밝히어 적지 아니한다.

꼬락서니　끄트머리　모가치　　바가지　　바깥

사타구니　싸라기　　이파리　　지붕　　　지푸라기　짜개

제21항 명사나 혹은 용언의 어간 뒤에 자음으로 시작된 접미사가 붙어서 된 말은 그 명사나 어간의 원형을 밝히어 적는다.

1. 명사 뒤에 자음으로 시작된 접미사가 붙어서 된 것

값지다   홀지다   넋두리   빛깔   옆댕이   잎사귀

2. 어간 뒤에 자음으로 시작된 접미사가 붙어서 된 것

낚시   늙정이   덮개   뜯게질
갉작갉작하다   갉작거리다   뜯적거리다   뜯적뜯적하다
굵다랗다   굵직하다   깊숙하다   넓적하다
높다랗다   늙수그레하다   얽죽얽죽하다

다만, 다음과 같은 말은 소리대로 적는다.

(1) 겹받침의 끝소리가 드러나지 아니하는 것

할짝거리다   널따랗다   널찍하다   말끔하다
말쑥하다   말쌈하다   실쭉하다   실큼하다
얄따랗다   얄팍하다   짤따랗다   짤막하다
실컷

(2) 어원이 분명하지 아니하거나 본뜻에서 멀어진 것

넙치   올무   골막하다   납작하다

제22항 용언의 어간에 다음과 같은 접미사들이 붙어서 이루어진 말들은 그 어간을 밝히어 적는다.

1. '-기-, -리-, -이-, -히-, -구-, -우-, -추-, -으키-, -이키-, -애-'가 붙는 것

맡기다	옮기다	웃기다	쫓기다	뚫리다
울리다	낚이다	쌓이다	핥이다	굳히다
굽히다	넓히다	앉히다	얽히다	잡히다
돋구다	솟구다	돋우다	갖추다	곧추다
맞추다	일으키다	돌이키다	없애다	

다만, '-이-, -히-, -우-'가 붙어서 된 말이라도 본뜻에서 멀어진 것은 소리대로 적는다.

도리다(칼로 ~)	드리다(용돈을 ~)	고치다
바치다(세금을 ~)	부치다(편지를 ~)	거두다
미루다	이루다	

2. '-치-, -뜨리-, -트리-'가 붙는 것

놓치다	덮치다	떠받치다	받치다	밭치다
부딪치다	뻗치다	엎치다	부딪뜨리다/부딪트리다	

쏟뜨리다/쏟트리다   젖뜨리다/젖트리다

찢뜨리다/찢트리다   흩뜨리다/흩트리다

[붙임] '-업-, -읍-, -브-'가 붙어서 된 말은 소리대로 적는다.

미덥다   우습다   미쁘다

제23항 '-하다'나 '-거리다'가 붙는 어근에 '-이'가 붙어서 명사
가 된 것은 그 원형을 밝히어 적는다(ㄱ을 취하고, ㄴ을
버림).

ㄱ	ㄴ	ㄱ	ㄴ
깔쭉이	깔쭈기	살살이	살사리
꿀꿀이	꿀꾸리	쌕쌕이	쌕쌔기
눈깜짝이	눈깜짜기	오뚝이	오뚜기
더펄이	더퍼리	코납작이	코납자기
배불뚝이	배불뚜기	푸석이	푸서기
삐죽이	삐주기	홀쭉이	홀쭈기

[붙임] '-하다'나 '-거리다'가 붙을 수 없는 어근에 '-이'나 또는
다른 모음으로 시작되는 접미사가 붙어서 명사가 된 것
은 그 원형을 밝히어 적지 아니한다.

개구리	귀뚜라미	기러기	깍두기	꽹과리
날라리	누더기	동그라미	두드러기	딱따구리
매미	부스러기	뻐꾸기	얼루기	칼싹두기

제24항 '-거리다'가 붙을 수 있는 시늉말 어근에 '-이다'가 붙어서 된 용언은 그 어근을 밝히어 적는다(ㄱ을 취하고, ㄴ을 버림).

ㄱ	ㄴ	ㄱ	ㄴ
깜짝이다	깜짜기다	속삭이다	속사기다
꾸벅이다	꾸버기다	숙덕이다	숙더기다
끄덕이다	끄더기다	울먹이다	울머기다
뒤척이다	뒤처기다	움직이다	움지기다
들먹이다	들머기다	지껄이다	지꺼리다
망설이다	망서리다	퍼덕이다	퍼더기다
번득이다	번드기다	허덕이다	허더기다
번쩍이다	번쩌기다	헐떡이다	헐떠기다

제25항 '-하다'가 붙는 어근에 '-히'나 '-이'가 붙어서 부사가 되거나, 부사에 '-이'가 붙어서 뜻을 더하는 경우에는 그 어근이나 부사의 원형을 밝히어 적는다.

1. '-하다'가 붙는 어근에 '-히'나 '-이'가 붙는 경우

    급히   꾸준히   도저히   딱히   어렴풋이   깨끗이

[붙임]   '-하다'가 붙지 않는 경우에는 소리대로 적는다.

    갑자기   반드시(꼭)   슬며시

2. 부사에 '-이'가 붙어서 역시 부사가 되는 경우

    곰곰이   더욱이   생긋이   오뚝이   일찍이   해죽이

제26항 '-하다'나 '-없다'가 붙어서 된 용언은 그 '-하다'나 '-없다'를 밝히어 적는다.

1. '-하다'가 붙어서 용언이 된 것

    딱하다   숱하다   착하다   텁텁하다   푹하다

2. '-없다'가 붙어서 용언이 된 것

    부질없다   상없다   시름없다   열없다   하염없다

제4절 합성어 및 접두사가 붙은 말

제27항 둘 이상의 단어가 어울리거나 접두사가 붙어서 이루어
진 말은 각각 그 원형을 밝히어 적는다.

국말이	꺾꽂이	꽃잎	끝장	물난리
밑천	부엌일	싫증	옷안	웃옷
젖몸살	첫아들	칼날	팥알	헛웃음
홀아비	홑몸	흙내		
값없다	겉늙다	굶주리다	낮잡다	맞먹다
받내다	벋놓다	빗나가다	빛나다	새파랗다
샛노랗다	시꺼멓다	싯누렇다	엇나가다	엎누르다
엿듣다	옻오르다	짓이기다	헛되다	

[붙임 1] 어원은 분명하나 소리만 특이하게 변한 것은 변한 대로
적는다.

　　할아버지　　할아범

[붙임 2] 어원이 분명하지 아니한 것은 원형을 밝히어 적지 아니한다.

골병	골탕	끌탕	며칠	아재비
오라비	업신여기다	부리나케		

[붙임 3] '이[齒, 虱]'가 합성어나 이에 준하는 말에서 '니' 또는 '리'로 소리 날 때에는 '니'로 적는다.

간니	덧니	사랑니	송곳니	앞니
어금니	윗니	젖니	톱니	틀니
가랑니	머릿니			

제28항 끝소리가 'ㄹ'인 말과 딴 말이 어울릴 적에 'ㄹ' 소리가 나지 아니하는 것은 아니 나는 대로 적는다.

다달이(달-달-이)	따님(딸-님)	마되(말-되)
마소(말-소)	무자위(물-자위)	바느질(바늘-질)
부삽(불-삽)	부손(불-손)	싸전(쌀-전)
여닫이(열-닫이)	우짖다(울-짖다)	화살(활-살)

제29항 끝소리가 'ㄹ'인 말과 딴 말이 어울릴 적에 'ㄹ' 소리가 'ㄷ' 소리로 나는 것은 'ㄷ'으로 적는다.

반짇고리(바느질~)	사흗날(사흘~)	삼짇날(삼질~)
섣달(설~)	숟가락(술~)	이튿날(이틀~)
잗주름(잘~)	푿소(풀~)	섣부르다(설~)
잗다듬다(잘~)	잗다랗다(잘~)	

제30항 사이시옷은 다음과 같은 경우에 받치어 적는다.

1. 순우리말로 된 합성어로서 앞말이 모음으로 끝난 경우
   (1) 뒷말의 첫소리가 된소리로 나는 것

고랫재	귓밥	나룻배	나뭇가지	냇가
댓가지	뒷갈망	맷돌	머릿기름	모깃불
못자리	바닷가	뱃길	볏가리	부싯돌
선짓국	쇳조각	아랫집	우렁잇속	잇자국
잿더미	조갯살	찻집	쳇바퀴	킷값
핏대	햇볕	혓바늘		

   (2) 뒷말의 첫소리 'ㄴ, ㅁ' 앞에서 'ㄴ' 소리가 덧나는 것

멧나물	아랫니	텃마당	아랫마을	뒷머리
잇몸	깻묵	냇물	빗물	

   (3) 뒷말의 첫소리 모음 앞에서 'ㄴㄴ' 소리가 덧나는 것

도리깻열	뒷윷	두렛일	뒷일	뒷입맛
베갯잇	욧잇	깻잎	나뭇잎	댓잎

2. 순우리말과 한자어로 된 합성어로서 앞말이 모음으로 끝난 경우

   (1) 뒷말의 첫소리가 된소리로 나는 것

귓병	머릿방	뱃병	봇둑	사잣밥
샛강	아랫방	자릿세	전셋집	찻잔
찻종	촛국	콧병	탯줄	텃세
핏기	햇수	횟가루	횟배	

   (2) 뒷말의 첫소리 'ㄴ, ㅁ' 앞에서 'ㄴ' 소리가 덧나는 것

곗날	제삿날	훗날	툇마루	양칫물

   (3) 뒷말의 첫소리 모음 앞에서 'ㄴㄴ' 소리가 덧나는 것

가욋일	사삿일	예삿일	훗일

3. 두 음절로 된 다음 한자어

곳간(庫間)	셋방(貰房)	숫자(數字)	찻간(車間)
툇간(退間)	횟수(回數)		

제31항 두 말이 어울릴 적에 'ㅂ' 소리나 'ㅎ' 소리가 덧나는 것은 소리대로 적는다.

1. 'ㅂ' 소리가 덧나는 것

댑싸리(대ㅂ싸리)	멥쌀(메ㅂ쌀)	볍씨(벼ㅂ씨)
입때(이ㅂ때)	입쌀(이ㅂ쌀)	접때(저ㅂ때)
좁쌀(조ㅂ쌀)	햅쌀(해ㅂ쌀)	

2. 'ㅎ' 소리가 덧나는 것

머리카락(머리ㅎ가락)	살코기(살ㅎ고기)	수캐(수ㅎ개)
수컷(수ㅎ것)	수탉(수ㅎ닭)	안팎(안ㅎ밖)
암캐(암ㅎ개)	암컷(암ㅎ것)	암탉(암ㅎ닭)

제5절 준말

제32항 단어의 끝모음이 줄어지고 자음만 남은 것은 그 앞의 음절에 받침으로 적는다.

(본말)	(준말)
기러기야	기럭아
어제그저께	엊그저께

어제저녁	엊저녁
가지고, 가지지	갖고, 갖지
디디고, 디디지	딛고, 딛지

제33항 체언과 조사가 어울려 줄어지는 경우에는 준 대로 적는다.

(본말)	(준말)
그것은	그건
그것이	그게
그것으로	그걸로
나는	난
나를	날
너는	넌
너를	널
무엇을	뭣을/무얼/뭘
무엇이	뭣이/무에

제34항 모음 'ㅏ, ㅓ'로 끝난 어간에 '-아/-어, -았-/-었-'이 어울릴 적에는 준 대로 적는다.

(본말)	(준말)	(본말)	(준말)
가아	가	가았다	갔다

(본말)	(준말)	(본말)	(준말)
나아	나	나았다	났다
타아	타	타았다	탔다
서어	서	서었다	섰다
켜어	켜	켜었다	켰다
펴어	펴	펴었다	폈다

[붙임 1] 'ㅐ, ㅔ' 뒤에 '-어, -었-'이 어울려 줄 적에는 준 대로 적는
다.

(본말)	(준말)	(본말)	(준말)
개어	개	개었다	갰다
내어	내	내었다	냈다
베어	베	베었다	벴다
세어	세	세었다	셌다

[붙임 2] '하여'가 한 음절로 줄어서 '해'로 될 적에는 준 대로 적
는다.

(본말)	(준말)	(본말)	(준말)
하여	해	하였다	했다
더하여	더해	더하였다	더했다
흔하여	흔해	흔하였다	흔했다

제35항 모음 'ㅗ, ㅜ'로 끝난 어간에 '-아/-어, -았-/-었-'이 어울려 'ㅘ/ㅝ, ㅘ/ㅝㅆ'으로 될 적에는 준 대로 적는다.

(본말)	(준말)	(본말)	(준말)
꼬아	꽈	꼬았다	꽜다
보아	봐	보았다	봤다
쏘아	쏴	쏘았다	쐈다
두어	둬	두었다	뒀다
쑤어	쒀	쑤었다	쒔다
주어	줘	주었다	줬다

[붙임 1] '놓아'가 '놔'로 줄 적에는 준 대로 적는다.

[붙임 2] 'ㅚ' 뒤에 '-어, -었-'이 어울려 'ㅙ, ㅙㅆ'으로 될 적에도 준 대로 적는다.

(본말)	(준말)	(본말)	(준말)
괴어	괘	괴었다	괬다
되어	돼	되었다	됐다
뵈어	봬	뵈었다	뵀다
쇠어	쇄	쇠었다	쇘다
쐬어	쐐	쐬었다	쐤다

제36항 'ㅣ' 뒤에 '-어'가 와서 'ㅕ'로 줄 적에는 준 대로 적는다.

(본말)	(준말)	(본말)	(준말)
가지어	가져	가지었다	가졌다
견디어	견뎌	견디었다	견뎠다
다니어	다녀	다니었다	다녔다
막히어	막혀	막히었다	막혔다
버티어	버텨	버티었다	버텼다
치이어	치여	치이었다	치였다

제37항 'ㅏ, ㅕ, ㅗ, ㅜ, ㅡ'로 끝난 어간에 '-이-'가 와서 각각 'ㅐ, ㅖ, ㅚ, ㅟ, ㅢ'로 줄 적에는 준 대로 적는다.

(본말)	(준말)	(본말)	(준말)
싸이다	쌔다	누이다	뉘다
펴이다	폐다	뜨이다	띄다
보이다	뵈다	쓰이다	씌다

제38항 'ㅏ, ㅗ, ㅜ, ㅡ' 뒤에 '-이어'가 어울려 줄어질 적에는 준 대로 적는다.

(본말)	(준말)	(본말)	(준말)
싸이어	쌔어 싸여	뜨이어	띄어

보이어	뵈어 보여	쓰이어	씌어 쓰여
쏘이어	쐬어 쏘여	트이어	틔어 트여
누이어	뉘어 누여		

제39항 어미 '-지' 뒤에 '않-'이 어울려 '-잖-'이 될 적과 '-하지' 뒤에 '않-'이 어울려 '-찮-'이 될 적에는 준 대로 적는다.

(본말)	(준말)	(본말)	(준말)
그렇지 않은	그렇잖은	만만하지 않다	만만찮다
적지 않은	적잖은	변변하지 않다	변변찮다

제40항 어간의 끝음절 '하'의 'ㅏ'가 줄고 'ㅎ'이 다음 음절의 첫소리와 어울려 거센소리로 될 적에는 거센소리로 적는다.

(본말)	(준말)	(본말)	(준말)
간편하게	간편케	다정하다	다정타
연구하도록	연구토록	정결하다	정결타
가하다	가타	흔하다	흔타

[붙임 1] 'ㅎ'이 어간의 끝소리로 굳어진 것은 받침으로 적는다.

않다	않고	않지	않든지
그렇다	그렇고	그렇지	그렇든지

아무렇다	아무렇고	아무렇지	아무렇든지
어떻다	어떻고	어떻지	어떻든지
이렇다	이렇고	이렇지	이렇든지
저렇다	저렇고	저렇지	저렇든지

[붙임 2] 어간의 끝음절 '하'가 아주 줄 적에는 준 대로 적는다.

(본말)	(준말)	(본말)	(준말)
거북하지	거북지	넉넉하지 않다	넉넉지 않다
생각하건대	생각건대	못하지 않다	못지않다
생각하다 못해	생각다 못해	섭섭하지 않다	섭섭지 않다
깨끗하지 않다	깨끗지 않다	익숙하지 않다	익숙지 않다

[붙임 3] 다음과 같은 부사는 소리대로 적는다.

결단코	결코	기필코	무심코	아무튼	요컨대
정녕코	필연코	하마터면	하여튼	한사코	

제5장 띄어쓰기

제1절 조사

제41항 조사는 그 앞말에 붙여 쓴다.

꽃이	꽃마저	꽃밖에	꽃에서부터	꽃으로만
꽃이나마	꽃이다	꽃입니다	꽃처럼	어디까지나
거기도	멀리는	웃고만		

제2절 의존 명사, 단위를 나타내는 명사 및 열거하는 말 등

제42항 의존 명사는 띄어 쓴다.

아는 **것**이 힘이다.	나도 할 **수** 있다.
먹을 **만큼** 먹어라.	아는 **이**를 만났다.
네가 뜻한 **바**를 알겠다.	그가 떠난 **지**가 오래다.

제43항 단위를 나타내는 명사는 띄어 쓴다.

한 **개**	차 한 **대**	금 서 **돈**	소 한 **마리**
옷 한 **벌**	열 **살**	조기 한 **손**	연필 한 **자루**
버선 한 **죽**	집 한 **채**	신 두 **켤레**	북어 한 **쾌**

다만, 순서를 나타내는 경우나 숫자와 어울리어 쓰이는 경우
에는 붙여 쓸 수 있다.

두**시** 삼십**분** 오**초**	제일**과**	삼**학년**
육**층**	1446**년** 10**월** 9**일**	2**대대**
16**동** 502**호**	제**1 실습실**	80**원**
10**개**	7**미터**	

제44항 수를 적을 적에는 '만(萬)' 단위로 띄어 쓴다.

십이억 삼천사백오십육만 칠천팔백구십팔

12억 3456만 7898

제45항 두 말을 이어 주거나 열거할 적에 쓰이는 다음의 말들
은 띄어 쓴다.

국장 **겸** 과장	열 **내지** 스물	청군 **대** 백군
책상, 걸상 **등**이 있다	이사장 **및** 이사들	사과, 배, 귤 **등등**
사과, 배 **등속**	부산, 광주 **등지**	

제46항 단음절로 된 단어가 연이어 나타날 적에는 붙여 쓸 수
있다.

좀더 큰것   이말 저말   한잎 두잎

제3절 보조 용언

제47항 보조 용언은 띄어 씀을 원칙으로 하되, 경우에 따라 붙
여 씀도 허용한다(ㄱ을 원칙으로 하고, ㄴ을 허용함).

ㄱ	ㄴ
불이 꺼져 **간다**.	불이 꺼져**간다**.
내 힘으로 막아 **낸다**.	내 힘으로 막아**낸다**.
어머니를 도와 **드린다**.	어머니를 도와**드린다**.
그릇을 깨뜨려 **버렸다**.	그릇을 깨뜨려**버렸다**.
비가 올 **듯하다**.	비가 올**듯하다**.
그 일은 할 **만하다**.	그 일은 할**만하다**.
일이 될 **법하다**.	일이 될**법하다**.
비가 올 **성싶다**.	비가 올**성싶다**.
잘 아는 **척한다**.	잘 아는**척한다**.

다만, 앞말에 조사가 붙거나 앞말이 합성 용언인 경우, 그리고

중간에 조사가 들어갈 적에는 그 뒤에 오는 보조 용언은 띄어
쓴다.

<table>
<tr><td>잘도 놀아만 **나는구나**!</td><td>책을 읽어도 **보고**⋯⋯.</td></tr>
<tr><td>네가 덤벼들어 **보아라**.</td><td>이런 기회는 다시없을 **듯하다**.</td></tr>
<tr><td>그가 올 듯도 **하다**.</td><td>잘난 체를 **한다**.</td></tr>
</table>

제4절 고유 명사 및 전문 용어

제48항 성과 이름, 성과 호 등은 붙여 쓰고, 이에 덧붙는 호칭
어, 관직명 등은 띄어 쓴다.

<table>
<tr><td>김양수(金良洙)</td><td>서화담(徐花潭)</td><td>채영신 씨</td></tr>
<tr><td>최치원 선생</td><td>박동식 박사</td><td>충무공 이순신 장군</td></tr>
</table>

다만, 성과 이름, 성과 호를 분명히 구분할 필요가 있을 경우
에는 띄어 쓸 수 있다.

<table>
<tr><td>남궁억/남궁 억</td><td>독고준/독고 준</td></tr>
<tr><td>황보지봉(皇甫芝峰)/황보 지봉</td><td></td></tr>
</table>

제49항 성명 이외의 고유 명사는 단어별로 띄어 씀을 원칙으로

하되, 단위별로 띄어 쓸 수 있다(ㄱ을 원칙으로 하고, ㄴ을
허용함).

ㄱ	ㄴ
대한 중학교	대한중학교
한국 대학교 사범 대학	한국대학교 사범대학

제50항 전문 용어는 단어별로 띄어 씀을 원칙으로 하되, 붙여
쓸 수 있다(ㄱ을 원칙으로 하고, ㄴ을 허용함).

ㄱ	ㄴ
만성 골수성 백혈병	만성골수성백혈병
중거리 탄도 유도탄	중거리탄도유도탄

제6장 그 밖의 것

제51항 부사의 끝음절이 분명히 '이'로만 나는 것은 '-이'로 적고, '히'로만 나거나 '이'나 '히'로 나는 것은 '-히'로 적는다.

1. '이'로만 나는 것

가붓이	깨끗이	나붓이	느긋이	둥긋이
따뜻이	반듯이	버젓이	산뜻이	의젓이
가까이	고이	날카로이	대수로이	번거로이
많이	적이	헛되이		
겹겹이	번번이	일일이	집집이	틈틈이

2. '히'로만 나는 것

극히	급히	딱히	속히	작히
족히	특히	엄격히	정확히	

3. '이, 히'로 나는 것

솔직히	가만히	간편히	나른히	무단히
각별히	소홀히	쓸쓸히	정결히	과감히
꼼꼼히	심히	열심히	급급히	답답히
섭섭히	공평히	능히	당당히	분명히
상당히	조용히	간소히	고요히	도저히

제52항 한자어에서 본음으로도 나고 속음으로도 나는 것은 각
각 그 소리에 따라 적는다.

(본음으로 나는 것)	(속음으로 나는 것)
승낙(承諾)	수락(受諾), 쾌락(快諾), 허락(許諾)
만난(萬難)	곤란(困難), 논란(論難)
안녕(安寧)	의령(宜寧), 회령(會寧)
분노(忿怒)	대로(大怒), 희로애락(喜怒哀樂)
토론(討論)	의논(議論)
오륙십(伍六十)	오뉴월, 유월(六月)
목재(木材)	모과(木瓜)
십일(十日)	시방정토(十方淨土), 시왕(十王), 시월(十月)
팔일(八日)	초파일(初八日)

제53항 다음과 같은 어미는 예사소리로 적는다(ㄱ을 취하고, ㄴ을 버림).

ㄱ	ㄴ
-(으)ㄹ거나	-(으)ㄹ꺼나
-(으)ㄹ걸	-(으)ㄹ껄
-(으)ㄹ게	-(으)ㄹ께
-(으)ㄹ세	-(으)ㄹ쎄
-(으)ㄹ세라	-(으)ㄹ쎄라
-(으)ㄹ수록	-(으)ㄹ쑤록
-(으)ㄹ시	-(으)ㄹ씨
-(으)ㄹ지	-(으)ㄹ찌
-(으)ㄹ지니라	-(으)ㄹ찌니라
-(으)ㄹ지라도	-(으)ㄹ찌라도
-(으)ㄹ지어다	-(으)ㄹ찌어다
-(으)ㄹ지언정	-(으)ㄹ찌언정
-(으)ㄹ진대	-(으)ㄹ찐대
-(으)ㄹ진저	-(으)ㄹ찐저
-올시다	-올씨다

다만, 의문을 나타내는 다음 어미들은 된소리로 적는다.

-(으)ㄹ까?　　　　-(으)ㄹ꼬?　　　　　-(스)ㅂ니까?

-(으)리까?　　　　-(으)ㄹ쏘냐?

제54항 다음과 같은 접미사는 된소리로 적는다(ㄱ을 취하고, ㄴ을 버림).

ㄱ	ㄴ	ㄱ	ㄴ
심부름꾼	심부름군	귀때기	귓대기
익살꾼	익살군	볼때기	볼대기
일꾼	일군	판자때기	판잣대기
장꾼	장군	뒤꿈치	뒷굼치
장난꾼	장난군	팔꿈치	팔굼치
지게꾼	지겟군	이마빼기	이맛배기
때깔	땟갈	코빼기	콧배기
빛깔	빛갈	객쩍다	객적다
성깔	성갈	겸연쩍다	겸연적다

제55항 두 가지로 구별하여 적던 다음 말들은 한 가지로 적는다(ㄱ을 취하고, ㄴ을 버림).

ㄱ	ㄴ
맞추다(입을 맞춘다. 양복을 맞춘다.)	마추다
뻗치다(다리를 뻗친다. 멀리 뻗친다.)	뻐치다

제56항 '-더라, -던'과 '-든지'는 다음과 같이 적는다.

1. 지난 일을 나타내는 어미는 '-더라, -던'으로 적는다(ㄱ을 취하
   고, ㄴ을 버림).

ㄱ	ㄴ
지난겨울은 몹시 춥더라.	지난겨울은 몹시 춥드라.
깊던 물이 얕아졌다.	깊든 물이 얕아졌다.
그렇게 좋던가?	그렇게 좋든가?
그 사람 말 잘하던데!	그 사람 말 잘하든데!
얼마나 놀랐던지 몰라.	얼마나 놀랐든지 몰라.

2. 물건이나 일의 내용을 가리지 아니하는 뜻을 나타내는 조사
   와 어미는 '(-)든지'로 적는다(ㄱ을 취하고, ㄴ을 버림).

ㄱ	ㄴ
배든지 사과든지 마음대로 먹어라.	배던지 사과던지 마음대로 먹어라.
가든지 오든지 마음대로 해라.	가던지 오던지 마음대로 해라.

제57항 다음 말들은 각각 구별하여 적는다.

가름	둘로 가름.
갈음	새 책상으로 갈음하였다.

거름	풀을 썩힌 거름.
걸음	빠른 걸음.
거치다	영월을 거쳐 왔다.
걷히다	외상값이 잘 걷힌다.
걷잡다	걷잡을 수 없는 상태.
겉잡다	겉잡아서 이틀 걸릴 일.
그러므로(그러니까)	그는 부지런하다. 그러므로 잘 산다.
그럼으로(써)	그는 열심히 공부한다. 그럼으로(써)
(그렇게 하는 것으로)	은혜에 보답한다.
노름	노름판이 벌어졌다.
놀음(놀이)	즐거운 놀음.
느리다	진도가 너무 느리다.
늘이다	고무줄을 늘인다.
늘리다	수출량을 더 늘린다.
다리다	옷을 다린다.
달이다	약을 달인다.

다치다	부주의로 손을 다쳤다.
닫히다	문이 저절로 닫혔다.
닫치다	문을 힘껏 닫쳤다.
마치다	벌써 일을 마쳤다.
맞히다	여러 문제를 더 맞혔다.
목거리	목거리가 덧났다.
목걸이	금목걸이, 은목걸이.
바치다	나라를 위해 목숨을 바쳤다.
받치다	우산을 받치고 간다.
	책받침을 받친다.
받히다	쇠뿔에 받혔다.
밭치다	술을 체에 밭친다.
반드시	약속은 반드시 지켜라.
반듯이	고개를 반듯이 들어라.
부딪치다	차와 차가 마주 부딪쳤다.
부딪히다	마차가 화물차에 부딪혔다.

부치다	힘이 부치는 일이다.
	편지를 부친다.
	논밭을 부친다.
	빈대떡을 부친다.
	식목일에 부치는 글.
	회의에 부치는 안건.
	인쇄에 부치는 원고.
	삼촌 집에 숙식을 부친다.
붙이다	우표를 붙인다.
	책상을 벽에 붙였다.
	흥정을 붙인다.
	불을 붙인다.
	감시원을 붙인다.
	조건을 붙인다.
	취미를 붙인다.
	별명을 붙인다.
시키다	일을 시킨다.
식히다	끓인 물을 식힌다.
아름	세 아름 되는 둘레.
알음	전부터 알음이 있는 사이.
앎	앎이 힘이다.

안치다	밥을 안친다.
앉히다	윗자리에 앉힌다.
어름	두 물건의 어름에서 일어난 현상.
얼음	얼음이 얼었다.
이따가	이따가 오너라.
있다가	돈은 있다가도 없다.
저리다	다친 다리가 저린다.
절이다	김장 배추를 절인다.
조리다	생선을 조린다. 통조림, 병조림.
졸이다	마음을 졸인다.
주리다	여러 날을 주렸다.
줄이다	비용을 줄인다.
하노라고	하노라고 한 것이 이 모양이다.
하느라고	공부하느라고 밤을 새웠다.
-느니보다(어미)	나를 찾아오느니보다 집에 있거라.
-는 이보다(의존 명사)	오는 이가 가는 이보다 많다.

-(으)리만큼(어미)	나를 미워하리만큼 그에게 잘못한 일이 없다.
-(으)ㄹ 이만큼(의존 명사)	찬성할 이도 반대할 이만큼이나 많을 것이다.
-(으)러(목적)	공부하러 간다.
-(으)려(의도)	서울 가려 한다.
(으)로서(자격)	사람으로서 그럴 수는 없다.
(으)로써(수단)	닭으로써 꿩을 대신했다.
-(으)므로(어미)	그가 나를 믿으므로 나도 그를 믿는다.
(-ㅁ, -음)으로(써)(조사)	그는 믿음으로(써) 산 보람을 느꼈다.

제7장 문장 부호

문장 부호는 글에서 문장의 구조를 드러내거나 글쓴이의 의
도를 전달하기 위하여 사용하는 부호이다. 문장 부호의 이름과
사용법은 다음과 같이 정한다.

1. 마침표(.)

(1) 서술, 명령, 청유 등을 나타내는 문장의 끝에 쓴다.

㉠ 젊은이는 나라의 기둥입니다. ㉠ 제 손을 꼭 잡으세요.

㉠ 집으로 돌아갑시다. ㉠ 가는 말이 고와야 오는 말이 곱다.

[붙임 1] 직접 인용한 문장의 끝에는 쓰는 것을 원칙으로 하되, 쓰
지 않는 것을 허용한다(ㄱ을 원칙으로 하고, ㄴ을 허용함).

㉠ ㄱ. 그는 "지금 바로 떠나자."라고 말하며 서둘러 짐을 챙겼다.

ㄴ. 그는 "지금 바로 떠나자"라고 말하며 서둘러 짐을 챙겼다.

[붙임 2] 용언의 명사형이나 명사로 끝나는 문장에는 쓰는 것을 원칙으로 하되, 쓰지 않는 것을 허용한다(ㄱ을 원칙으로 하고, ㄴ을 허용함).

> 예 ㄱ. 목적을 이루기 위하여 몸과 마음을 다하여 애를 씀.
>
> ㄴ. 목적을 이루기 위하여 몸과 마음을 다하여 애를 씀
>
> 예 ㄱ. 결과에 연연하지 않고 끝까지 최선을 다하기.
>
> ㄴ. 결과에 연연하지 않고 끝까지 최선을 다하기
>
> 예 ㄱ. 신입 사원 모집을 위한 기업 설명회 개최.
>
> ㄴ. 신입 사원 모집을 위한 기업 설명회 개최
>
> 예 ㄱ. 내일 오전까지 보고서를 제출할 것.
>
> ㄴ. 내일 오전까지 보고서를 제출할 것

다만, 제목이나 표어에는 쓰지 않음을 원칙으로 한다.

> 예 압록강은 흐른다   예 꺼진 불도 다시 보자
>
> 예 건강한 몸 만들기

(2) 아라비아 숫자만으로 연월일을 표시할 때 쓴다.

> 예 1919. 3. 1.   예 10. 1.~10. 12.

(3) 특정한 의미가 있는 날을 표시할 때 월과 일을 나타내는

아라비아 숫자 사이에 쓴다.

　예 3.1 운동　　　　　　　예 8.15 광복

[붙임]　이때는 마침표 대신 가운뎃점을 쓸 수 있다.

　예 3·1 운동　　　　　　　예 8·15 광복

(4) 장, 절, 항 등을 표시하는 문자나 숫자 다음에 쓴다.

　예 가. 인명　　　　　예 ㄱ. 머리말
　예 Ⅰ. 서론　　　　　예 1. 연구 목적

[붙임]　'마침표' 대신 '온점'이라는 용어를 쓸 수 있다.

2. 물음표(?)

(1) 의문문이나 의문을 나타내는 어구의 끝에 쓴다.

　예 점심 먹었어?　　　　　예 이번에 가시면 언제 돌아오세요?
　예 제가 부모님 말씀을 따르지 않을 리가 있겠습니까?

예 남북이 통일되면 얼마나 좋을까?

예 다섯 살짜리 꼬마가 이 멀고 험한 곳까지 혼자 왔다?

예 지금?　　　　　　　　　예 뭐라고?

예 네?

[붙임 1] 한 문장 안에 몇 개의 선택적인 물음이 이어질 때는 맨 끝의 물음에만 쓰고, 각 물음이 독립적일 때는 각 물음의 뒤에 쓴다.

예 너는 중학생이냐, 고등학생이냐?

예 너는 여기에 언제 왔니? 어디서 왔니? 무엇하러 왔니?

[붙임 2] 의문의 정도가 약할 때는 물음표 대신 마침표를 쓸 수 있다.

예 도대체 이 일을 어쩐단 말이냐.

예 이것이 과연 내가 찾던 행복일까.

　　　다만, 제목이나 표어에는 쓰지 않음을 원칙으로 한다.

예 역사란 무엇인가　　　　　예 아직도 담배를 피우십니까

(2) 특정한 어구의 내용에 대하여 의심, 빈정거림 등을 표시할 때, 또는 적절한 말을 쓰기 어려울 때 소괄호 안에 쓴다.

㉮ 우리와 의견을 같이할 사람은 최 선생(?) 정도인 것 같다.

㉮ 30점이라, 거참 훌륭한(?) 성적이군.

㉮ 우리 집 강아지가 가출(?)을 했어요.

(3) 모르거나 불확실한 내용임을 나타낼 때 쓴다.

㉮ 최치원(857~?)은 통일 신라 말기에 이름을 떨쳤던 학자이자 문장가이다.

㉮ 조선 시대의 시인 강백(1690?~1777?)의 자는 자청이고, 호는 우곡이다.

3. 느낌표(!)

(1) 감탄문이나 감탄사의 끝에 쓴다.

㉮ 이거 정말 큰일이 났구나!   ㉮ 어머!

[붙임] 감탄의 정도가 약할 때는 느낌표 대신 쉼표나 마침표를 쓸 수 있다.

(2) 특별히 강한 느낌을 나타내는 어구, 평서문, 명령문, 청유 문에 쓴다.

　　예 청춘! 이는 듣기만 하여도 가슴이 설레는 말이다.

　　예 이야, 정말 재밌다!

　　예 지금 즉시 대답해!

　　예 앞만 보고 달리자!

(3) 물음의 말로 놀람이나 항의의 뜻을 나타내는 경우에 쓴다.

　　예 이게 누구야!　　　　예 내가 왜 나빠!

(4) 감정을 넣어 대답하거나 다른 사람을 부를 때 쓴다.

　　예 네!　　　　　　　예 네, 선생님!

　　예 흥부야!　　　　　예 언니!

4. 쉼표(,)

(1) 같은 자격의 어구를 열거할 때 그 사이에 쓴다.

　　예 근면, 검소, 협동은 우리 겨레의 미덕이다.

ᅟᅟᅠ예 충청도의 계룡산, 전라도의 내장산, 강원도의 설악산은 모두 국립 공원이다.

ᅟᅟᅠ예 집을 보러 가면 그 집이 내가 원하는 조건에 맞는지, 살기에 편한지, 망가진 곳은 없는지 확인해야 한다.

ᅟᅟᅠ예 5보다 작은 자연수는 1, 2, 3, 4이다.

다만, (가) 쉼표 없이도 열거되는 사항임이 쉽게 드러날 때는 쓰지 않을 수 있다.

ᅟᅟᅠ예 아버지 어머니께서 함께 오셨어요.

ᅟᅟᅠ예 네 돈 내 돈 다 합쳐 보아야 만 원도 안 되겠다.

(나) 열거할 어구들을 생략할 때 사용하는 줄임표 앞에는 쉼표를 쓰지 않는다.

ᅟᅟᅠ예 광역시: 광주, 대구, 대전……

(2) 짝을 지어 구별할 때 쓴다.

ᅟᅟᅠ예 닭과 지네, 개와 고양이는 상극이다.

(3) 이웃하는 수를 개략적으로 나타낼 때 쓴다.

例 5, 6세기   例 6, 7, 8개

(4) 열거의 순서를 나타내는 어구 다음에 쓴다.

> 例 첫째, 몸이 튼튼해야 한다.
> 例 마지막으로, 무엇보다 마음이 편해야 한다.

(5) 문장의 연결 관계를 분명히 하고자 할 때 절과 절 사이
에 쓴다.

> 例 콩 심은 데 콩 나고, 팥 심은 데 팥 난다.
> 例 저는 신뢰와 정직을 생명과 같이 여기고 살아온바, 이번 비리 사건과는 무
> 관하다는 점을 분명히 밝힙니다.
> 例 떡국은 설날의 대표적인 음식인데, 이걸 먹어야 비로소 나이도 한 살 더
> 먹는다고 한다.

(6) 같은 말이 되풀이되는 것을 피하기 위하여 일정한 부분을
줄여서 열거할 때 쓴다.

> 例 여름에는 바다에서, 겨울에는 산에서 휴가를 즐겼다.

(7) 부르거나 대답하는 말 뒤에 쓴다.

ⓔ 지은아, 이리 좀 와 봐.　　　ⓔ 네, 지금 가겠습니다.

(8) 한 문장 안에서 앞말을 '곧', '다시 말해' 등과 같은 어구
　　로 다시 설명할 때 앞말 다음에 쓴다.

ⓔ 책의 서문, 곧 머리말에는 책을 지은 목적이 드러나 있다.

ⓔ 원만한 인간관계는 말과 관련한 예의, 즉 언어 예절을 갖추는 것에서
시작된다.

ⓔ 호준이 어머니, 다시 말해 나의 누님은 올해로 결혼한 지 20년이 된다.

ⓔ 나에게도 작은 소망, 이를테면 나만의 정원을 가졌으면 하는 소망이
있어.

(9) 문장 앞부분에서 조사 없이 쓰인 제시어나 주제어의 뒤
　　에 쓴다.

ⓔ 돈, 돈이 인생의 전부이더냐?

ⓔ 열정, 이것이야말로 젊은이의 가장 소중한 자산이다.

ⓔ 지금 네가 여기 있다는 것, 그것만으로도 나는 충분히 행복해.

ⓔ 저 친구, 저러다가 큰일 한번 내겠어.

ⓔ 그 사실, 넌 알고 있었지?

(10) 한 문장에 같은 의미의 어구가 반복될 때 앞에 오는 어

구 다음에 쓴다.

> ㉖ 그의 애국심, 몸을 사리지 않고 국가를 위해 헌신한 정신을 우리는 본
> 받아야 한다.

(11) 도치문에서 도치된 어구들 사이에 쓴다.

> ㉖ 이리 오세요, 어머님.　　㉖ 다시 보자, 한강수야.

(12) 바로 다음 말과 직접적인 관계에 있지 않음을 나타낼
때 쓴다.

> ㉖ 갑돌이는, 울면서 떠나는 갑순이를 배웅했다.
> ㉖ 철원과, 대관령을 중심으로 한 강원도 산간 지대에 예년보다 일찍 첫
> 눈이 내렸습니다.

(13) 문장 중간에 끼어든 어구의 앞뒤에 쓴다.

> ㉖ 나는, 솔직히 말하면, 그 말이 별로 탐탁지 않아.
> ㉖ 영호는 미소를 띠고, 속으로는 화가 치밀어 올라 잠시라도 견딜 수 없
> 을 만큼 괴로웠지만, 그들을 맞았다.

[붙임 1] 이때는 쉼표 대신 줄표를 쓸 수 있다.

예 나는 ― 솔직히 말하면 ― 그 말이 별로 탐탁지 않아.

예 영호는 미소를 띠고 ― 속으로는 화가 치밀어 올라 잠시라도 견딜 수 없을 만큼 괴로웠지만 ― 그들을 맞았다.

[붙임 2] 끼어든 어구 안에 다른 쉼표가 들어 있을 때는 쉼표 대신 줄표를 쓴다.

예 이건 내 것이니까 ― 아니, 내가 처음 발견한 것이니까 ― 절대로 양보할 수 없다.

(14) 특별한 효과를 위해 끊어 읽는 곳을 나타낼 때 쓴다.

예 내가, 정말 그 일을 오늘 안에 해낼 수 있을까?

예 이 전투는 바로 우리가, 우리만이, 승리로 이끌 수 있다.

(15) 짧게 더듬는 말을 표시할 때 쓴다.

예 선생님, 부, 부정행위라니요? 그런 건 새, 생각조차 하지 않았습니다.

[붙임] '쉼표' 대신 '반점'이라는 용어를 쓸 수 있다.

5. 가운뎃점(·)

(1) 열거할 어구들을 일정한 기준으로 묶어서 나타낼 때 쓴다.

> 예 민수·영희, 선미·준호가 서로 짝이 되어 윷놀이를 하였다.

> 예 지금의 경상남도·경상북도, 전라남도·전라북도, 충청남도·충청북도 지역을 예부터 삼남이라 일러 왔다.

(2) 짝을 이루는 어구들 사이에 쓴다.

> 예 한(韓)·이(伊) 양국 간의 무역량이 늘고 있다.

> 예 우리는 그 일의 참·거짓을 따질 겨를도 없었다.

> 예 하천 수질의 조사·분석

> 예 빨강·초록·파랑이 빛의 삼원색이다.

다만, 이때는 가운뎃점을 쓰지 않거나 쉼표를 쓸 수도 있다.

> 예 한(韓) 이(伊) 양국 간의 무역량이 늘고 있다.

> 예 우리는 그 일의 참 거짓을 따질 겨를도 없었다.

> 예 하천 수질의 조사, 분석

> 예 빨강, 초록, 파랑이 빛의 삼원색이다.

(3) 공통 성분을 줄여서 하나의 어구로 묶을 때 쓴다.

예 상·중·하위권   예 금·은·동메달

예 통권 제54 ·55 ·56호

[붙임]   이때는 가운뎃점 대신 쉼표를 쓸 수 있다.

예 상, 중, 하위권   예 금, 은, 동메달

예 통권 제54, 55, 56호

6. 쌍점(:)

(1) 표제 다음에 해당 항목을 들거나 설명을 붙일 때 쓴다.

예 문방사우: 종이, 붓, 먹, 벼루

예 일시: 2014년 10월 9일 10시

예 흔하진 않지만 두 자로 된 성씨도 있다.(예: 남궁, 선우, 황보)

예 올림표(♯): 음의 높이를 반음 올릴 것을 지시한다.

(2) 희곡 등에서 대화 내용을 제시할 때 말하는 이와 말한 내용 사이에 쓴다.

예 김 과장: 난 못 참겠다.

예 아들: 아버지, 제발 제 말씀 좀 들어 보세요.

(3) 시와 분, 장과 절 등을 구별할 때 쓴다.

　　　예 오전 10:20(오전 10시 20분)

　　　예 두시언해 6:15(두시언해 제6권 제15장)

(4) 의존 명사 '대'가 쓰일 자리에 쓴다.

　　　예 65:60(65 대 60)　　　　　예 청군:백군(청군 대 백군)

[붙임]　쌍점의 앞은 붙여 쓰고 뒤는 띄어 쓴다. 다만, (3)과 (4)
　　　에서는 쌍점의 앞뒤를 붙여 쓴다.

7. 빗금(/)

(1) 대비되는 두 개 이상의 어구를 묶어 나타낼 때 그 사이
　　에 쓴다.

　　　예 먹이다/먹히다　　　　　예 남반구/북반구

　　　예 금메달/은메달/동메달

　　　예 (　　)이/가 우리나라의 보물 제1호이다.

(2) 기준 단위당 수량을 표시할 때 해당 수량과 기준 단위 사이에 쓴다.

㉀ 100미터/초   ㉀ 1,000원/개

(3) 시의 행이 바뀌는 부분임을 나타낼 때 쓴다.

㉀ 산에 / 산에 / 피는 꽃은 / 저만치 혼자서 피어 있네

다만, 연이 바뀜을 나타낼 때는 두 번 겹쳐 쓴다.

㉀ 산에는 꽃 피네 / 꽃이 피네 / 갈 봄 여름 없이 / 꽃이 피네 // 산에 / 산에 / 피는 꽃은 / 저만치 혼자서 피어 있네

[붙임]   빗금의 앞뒤는 (1)과 (2)에서는 붙여 쓰며, (3)에서는 띄어 쓰는 것을 원칙으로 하되 붙여 쓰는 것을 허용한 다. 단, (1)에서 대비되는 어구가 두 어절 이상인 경우에 는 빗금의 앞뒤를 띄어 쓸 수 있다.

8. 큰따옴표(" ")

(1) 글 가운데에서 직접 대화를 표시할 때 쓴다.

> 예 "어머니, 제가 가겠어요."
>
> "아니다. 내가 다녀오마."

(2) 말이나 글을 직접 인용할 때 쓴다.

> 예 나는 "어, 광훈이 아니냐?" 하는 소리에 깜짝 놀랐다.
>
> 예 밤하늘에 반짝이는 별들을 보면서 "나는 아무 걱정도 없이 가을 속의 별들을 다 헬 듯합니다."라는 시구를 떠올렸다.
>
> 예 편지의 끝머리에는 이렇게 적혀 있었다.
>
> "할머니, 편지에 사진을 동봉했다고 하셨지만 봉투 안에는 아무것도 없었어요."

9. 작은따옴표(' ')

(1) 인용한 말 안에 있는 인용한 말을 나타낼 때 쓴다.

> 예 그는 "여러분! '시작이 반이다.'라는 말 들어 보셨죠?"라고 말하며 강연을 시작했다.

(2) 마음속으로 한 말을 적을 때 쓴다.

> 예 나는 '일이 다 틀렸나 보군.' 하고 생각하였다.

> 예 '이번에는 꼭 이기고야 말겠어.' 호연이는 마음속으로 몇 번이나 그렇게 다짐하며 주먹을 불끈 쥐었다.

10. 소괄호(( ))

(1) 주석이나 보충적인 내용을 덧붙일 때 쓴다.

> 예 니체(독일의 철학자)의 말을 빌리면 다음과 같다.

> 예 2014. 12. 19.(금)

> 예 문인화의 대표적인 소재인 사군자(매화, 난초, 국화, 대나무)는 고결한 선비 정신을 상징한다.

(2) 우리말 표기와 원어 표기를 아울러 보일 때 쓴다.

> 예 기호(嗜好), 자세(姿勢)   예 커피(coffee), 에티켓(étiquette)

(3) 생략할 수 있는 요소임을 나타낼 때 쓴다.

> 예 학교에서 동료 교사를 부를 때는 이름 뒤에 '선생(님)'이라는 말을 덧붙인다.

예 광개토(대)왕은 고구려의 전성기를 이끌었던 임금이다.

(4) 희곡 등 대화를 적은 글에서 동작이나 분위기, 상태를 드러낼 때 쓴다.

예 현우: (가쁜 숨을 내쉬며) 왜 이렇게 빨리 뛰어?

예 "관찰한 것을 쓰는 것이 습관이 되었죠. 그러다 보니, 상상력이 생겼나 봐요." (웃음)

(5) 내용이 들어갈 자리임을 나타낼 때 쓴다.

예 우리나라의 수도는 (   )이다.

예 다음 빈칸에 알맞은 조사를 쓰시오.
민수가 할아버지( ) 꽃을 드렸다.

(6) 항목의 순서나 종류를 나타내는 숫자나 문자 등에 쓴다.

예 사람의 인격은 (1) 용모, (2) 언어, (3) 행동, (4) 덕성 등으로 표현된다.

예 (가) 동해, (나) 서해, (다) 남해

11. 중괄호({ })

(1) 같은 범주에 속하는 여러 요소를 세로로 묶어서 보일 때
쓴다.

> ㉞ 주격 조사　　{ 이　가 }

> ㉞ 국가의 성립 요소　{ 영토　국민　주권 }

(2) 열거된 항목 중 어느 하나가 자유롭게 선택될 수 있음을
보일 때 쓴다.

> ㉞ 아이들이 모두 학교{에, 로, 까지} 갔어요.

12. 대괄호([ ])

(1) 괄호 안에 또 괄호를 쓸 필요가 있을 때 바깥쪽의 괄호
로 쓴다.

> ㉞ 어린이날이 새로 제정되었을 당시에는 어린이들에게 경어를 쓰라고
> 하였다.[윤석중 전집(1988), 70쪽 참조]

㉒ 이번 회의에는 두 명[이혜정(실장), 박철용(과장)]만 빼고 모두 참석했습니다.

(2) 고유어에 대응하는 한자어를 함께 보일 때 쓴다.

㉒ 나이[年歲]　　　　　㉒ 낱말[單語]
㉒ 손발[手足]

(3) 원문에 대한 이해를 돕기 위해 설명이나 논평 등을 덧붙일 때 쓴다.

㉒ 그것[한글]은 이처럼 정보화 시대에 알맞은 과학적인 문자이다.
㉒ 신경준의 ≪여암전서≫에 "삼각산은 산이 모두 돌 봉우리인데, 그 으뜸 봉우리를 구름 위에 솟아 있다고 백운(白雲)이라 하며 [이하 생략]"
㉒ 그런 일은 결코 있을 수 없다.[원문에는 '업다'임.]

13. 겹낫표(『 』)와 겹화살괄호(≪ ≫)

책의 제목이나 신문 이름 등을 나타낼 때 쓴다.

㉒ 우리나라 최초의 민간 신문은 1896년에 창간된 『독립신문』이다.
㉒ 『훈민정음』은 1997년에 유네스코 세계 기록 유산으로 지정되었다.

예 《한성순보》는 우리나라 최초의 근대 신문이다.

예 윤동주의 유고 시집인 《하늘과 바람과 별과 시》에는 31편의 시가 실려 있다.

[붙임]　겹낫표나 겹화살괄호 대신 큰따옴표를 쓸 수 있다.

예 우리나라 최초의 민간 신문은 1896년에 창간된 "독립신문"이다.

예 윤동주의 유고 시집인 "하늘과 바람과 별과 시"에는 31편의 시가 실려 있다.

14. 홑낫표(「 」)와 홑화살괄호(〈 〉)

소제목, 그림이나 노래와 같은 예술 작품의 제목, 상호, 법률, 규정 등을 나타낼 때 쓴다.

예 「국어 기본법 시행령」은 「국어 기본법」에서 위임된 사항과 그 시행에 필요한 사항을 규정함을 목적으로 한다.

예 이 곡은 베르디가 작곡한 「축배의 노래」이다.

예 사무실 밖에 「해와 달」이라고 쓴 간판을 달았다.

예 〈한강〉은 사진집 《아름다운 땅》에 실린 작품이다.

예 백남준은 2005년에 〈엄마〉라는 작품을 선보였다.

[붙임] 홑낫표나 홑화살괄호 대신 작은따옴표를 쓸 수 있다.

> ㉠ 사무실 밖에 '해와 달'이라고 쓴 간판을 달았다.
>
> ㉠ '한강'은 사진집 "아름다운 땅"에 실린 작품이다.

15. 줄표(─)

제목 다음에 표시하는 부제의 앞뒤에 쓴다.

> ㉠ 이번 토론회의 제목은 '역사 바로잡기 ─ 근대의 설정 ─'이다.
>
> ㉠ '환경 보호 ─ 숲 가꾸기 ─'라는 제목으로 글짓기를 했다.

다만, 뒤에 오는 줄표는 생략할 수 있다.

> ㉠ 이번 토론회의 제목은 '역사 바로잡기 ─ 근대의 설정'이다.
>
> ㉠ '환경 보호 ─ 숲 가꾸기'라는 제목으로 글짓기를 했다.

[붙임] 줄표의 앞뒤는 띄어 쓰는 것을 원칙으로 하되, 붙여 쓰는 것을 허용한다.

16. 붙임표(-)

(1) 차례대로 이어지는 내용을 하나로 묶어 열거할 때 각 어구 사이에 쓴다.

> ㉖ 멀리뛰기는 도움닫기-도약-공중 자세-착지의 순서로 이루어진다.
> ㉖ 김 과장은 기획-실무-홍보까지 직접 발로 뛰었다.

(2) 두 개 이상의 어구가 밀접한 관련이 있음을 나타내고자 할 때 쓴다.

> ㉖ 드디어 서울-북경의 항로가 열렸다.
> ㉖ 원-달러 환율   ㉖ 남한-북한-일본 삼자 관계

17. 물결표(~)

기간이나 거리 또는 범위를 나타낼 때 쓴다.

> ㉖ 9월 15일~9월 25일   ㉖ 김정희(1786~1856)
> ㉖ 서울~천안 정도는 출퇴근이 가능하다.
> ㉖ 이번 시험의 범위는 3~78쪽입니다.

[붙임]　물결표 대신 붙임표를 쓸 수 있다.

　　　㉠ 9월 15일-9월 25일　　　　㉠ 김정희(1786-1856)

　　　㉠ 서울-천안 정도는 출퇴근이 가능하다.

　　　㉠ 이번 시험의 범위는 3-78쪽입니다.

18. 드러냄표(˙)와 밑줄(＿)

　　문장 내용 중에서 주의가 미쳐야 할 곳이나 중요한 부분을 특별히 드러내 보일 때 쓴다.

　　　㉠ 한글의 본디 이름은 훈민정음이다.

　　　㉠ 중요한 것은 왜 사느냐가 아니라 어떻게 사느냐이다.

　　　㉠ 지금 필요한 것은 지식이 아니라 실천입니다.

　　　㉠ 다음 보기에서 명사가 아닌 것은?

[붙임]　드러냄표나 밑줄 대신 작은따옴표를 쓸 수 있다.

　　　㉠ 한글의 본디 이름은 '훈민정음'이다.

　　　㉠ 중요한 것은 '왜 사느냐'가 아니라 '어떻게 사느냐'이다.

　　　㉠ 지금 필요한 것은 '지식'이 아니라 '실천'입니다.

　　　㉠ 다음 보기에서 명사가 '아닌' 것은?

19. 숨김표(○, ×)

  (1) 금기어나 공공연히 쓰기 어려운 비속어임을 나타낼 때, 그 글자의 수효만큼 쓴다.

     예 배운 사람 입에서 어찌 ○○○란 말이 나올 수 있느냐?

     예 그 말을 듣는 순간 ×××란 말이 목구멍까지 치밀었다.

  (2) 비밀을 유지해야 하거나 밝힐 수 없는 사항임을 나타낼 때 쓴다.

     예 1차 시험 합격자는 김○영, 이○준, 박○순 등 모두 3명이다.

     예 육군 ○○ 부대 ○○○ 명이 작전에 참가하였다.

     예 그 모임의 참석자는 김×× 씨, 정×× 씨 등 5명이었다.

20. 빠짐표(□)

  (1) 옛 비문이나 문헌 등에서 글자가 분명하지 않을 때 그 글자의 수효만큼 쓴다.

     예 大師爲法主□□賴之大□薦

(2) 글자가 들어가야 할 자리를 나타낼 때 쓴다.

　　　예 훈민정음의 초성 중에서 아음(牙音)은 ㅁㅁㅁ의 석 자다.

21. 줄임표(……)

(1) 할 말을 줄였을 때 쓴다.

　　　예 "어디 나하고 한번……." 하고 민수가 나섰다.

(2) 말이 없음을 나타낼 때 쓴다.

　　　예 "빨리 말해!"
　　　　 "……."

(3) 문장이나 글의 일부를 생략할 때 쓴다.

　　　예 '고유'라는 말은 문자 그대로 본디부터 있었다는 뜻은 아닙니다. ……
　　　　 같은 역사적 환경에서 공동의 집단생활을 영위해 오는 동안 공동으
　　　　 로 발견된, 사물에 대한 공동의 사고방식을 우리는 한국의 고유 사상
　　　　 이라 부를 수 있다는 것입니다.

(4) 머뭇거림을 보일 때 쓴다.

㉤ "우리는 모두…… 그러니까…… 예외 없이 눈물만…… 흘렸다."

[붙임 1] 점은 가운데에 찍는 대신 아래쪽에 찍을 수도 있다.

㉤ "어디 나하고 한번......" 하고 민수가 나섰다.

㉤ "실은...... 저 사람...... 우리 아저씨일지 몰라."

[붙임 2] 점은 여섯 점을 찍는 대신 세 점을 찍을 수도 있다.

㉤ "어디 나하고 한번…" 하고 민수가 나섰다.

㉤ "실은... 저 사람... 우리 아저씨일지 몰라."

[붙임 3] 줄임표는 앞말에 붙여 쓴다. 다만, (3)에서는 줄임표의 앞뒤를 띄어 쓴다.

책의 판형별 크기

단위: mm

타블로이드판(B4) 254×374

국배판(A4) 210×297

46배판(B5) 188×257

신국판 152×225

국판(A5) 148×210

46판(B6) 127×188

국반판(A6) 105×148

제2부

표준어 규정

일러두기

[표준어 규정]은 문화체육관광부 고시 제2017-13호(2017. 3. 28.)이다.

제1장 총칙

제1항 표준어는 교양 있는 사람들이 두루 쓰는 현대 서울말로
정함을 원칙으로 한다.

제2항 외래어는 따로 사정한다.

제2장 발음 변화에 따른 표준어 규정

제1절 자음

제3항 다음 단어들은 거센소리를 가진 형태를 표준어로 삼는다(ㄱ을 표준어로 삼고, ㄴ을 버림).

ㄱ	ㄴ	비고
끄나풀	끄나불	
나팔-꽃	나발-꽃	
녘	녁	동~, 들~, 새벽~, 동틀 ~.
부엌	부억	
살-쾡이	삵-괭이	
칸	간	1. ~막이, 빈~, 방 한 ~. 2. '초가삼간, 윗간'의 경우에는 '간'임.
털어-먹다	떨어-먹다	재물을 다 없애다.

제4항 다음 단어들은 거센소리로 나지 않는 형태를 표준어로 삼는다(ㄱ을 표준어로 삼고, ㄴ을 버림).

ㄱ	ㄴ	비고
가을-갈이	가을-카리	
거시기	거시키	
분침	푼침	

제5항 어원에서 멀어진 형태로 굳어져서 널리 쓰이는 것은, 그 것을 표준어로 삼는다(ㄱ을 표준어로 삼고, ㄴ을 버림).

ㄱ	ㄴ	비고
강낭-콩	강남-콩	
고삿	고샅	겉~, 속~.
사글-세	삭월-세	'월세'는 표준어임.
울력-성당	위력-성당	떼를 지어서 으르고 협박하는 일.

　　다만, 어원적으로 원형에 더 가까운 형태가 아직 쓰이고 있는 경우에는, 그것을 표준어로 삼는다(ㄱ을 표준어로 삼고, ㄴ을 버림).

ㄱ	ㄴ	비고
갈비	가리	~구이, ~찜, 갈빗-대.
갓모	갈모	1. 사기 만드는 물레 밑 고리.

ㄱ	ㄴ	비고
		2. '갈모'는 갓 위에 쓰는, 유지로 만든 우비.
굴-젓	구-젓	
말-곁	말-겻	
물-수란	물-수랄	
밀-뜨리다	미-뜨리다	
적-이	저으기	적이-나, 적이나-하면.
휴지	수지	

제6항 다음 단어들은 의미를 구별함이 없이, 한 가지 형태만을
표준어로 삼는다(ㄱ을 표준어로 삼고, ㄴ을 버림).

ㄱ	ㄴ	비고
돌	돐	생일, 주기.
둘-째	두-째	'제2, 두 개째'의 뜻.
셋-째	세-째	'제3, 세 개째'의 뜻.
넷-째	네-째	'제4, 네 개째'의 뜻.
빌리다	빌다	1. 빌려주다, 빌려 오다.
		2. '용서를 빌다'는 '빌다'임.

다만, '둘째'는 십 단위 이상의 서수사에 쓰일 때에 '두째'로 한다.

ㄱ	ㄴ	비고
열두-째		열두 개째의 뜻은 '열둘째'로.
스물두-째		스물두 개째의 뜻은 '스물둘째'로.

제7항 수컷을 이르는 접두사는 '수-'로 통일한다(ㄱ을 표준어로 삼고, ㄴ을 버림).

ㄱ	ㄴ	비고
수-꿩	수-퀑/숫-꿩	'장끼'도 표준어임.
수-나사	숫-나사	
수-놈	숫-놈	
수-사돈	숫-사돈	
수-소	숫-소	'황소'도 표준어임.
수-은행나무	숫-은행나무	

다만 1. 다음 단어에서는 접두사 다음에서 나는 거센소리를 인정한다. 접두사 '암-'이 결합되는 경우에도 이에 준한다(ㄱ을 표준어로 삼고, ㄴ을 버림).

ㄱ	ㄴ	비고
수-캉아지	숫-강아지	
수-캐	숫-개	
수-컷	숫-것	
수-키와	숫-기와	
수-탉	숫-닭	
수-탕나귀	숫-당나귀	
수-톨쩌귀	숫-돌쩌귀	
수-퇘지	숫-돼지	
수-평아리	숫-병아리	

다만 2. 다음 단어의 접두사는 '숫-'으로 한다(ㄱ을 표준어로 삼고, ㄴ을 버림).

ㄱ	ㄴ	비고
숫-양 숫-염소 숫-쥐	수-양 수-염소 수-쥐	

제2절 모음

제8항 양성 모음이 음성 모음으로 바뀌어 굳어진 다음 단어는 음성 모음 형태를 표준어로 삼는다(ㄱ을 표준어로 삼고, ㄴ을 버림).

ㄱ	ㄴ	비고
깡충-깡충	깡총-깡총	큰말은 '껑충껑충'임.
-둥이	-동이	←童-이. 귀-, 막-, 선-, 쌍-, 검-, 바람-, 흰-.
발가-숭이	발가-송이	센말은 '빨가숭이', 큰말은 '벌거숭이, 뻘거숭이'임.
보퉁이	보통이	
봉죽	봉족	←奉足. ~꾼, ~들다.
뻗정-다리	뻗장-다리	

아서, 아서라	앗아, 앗아라	하지 말라고 금지하는 말.
오뚝-이	오똑-이	부사도 '오뚝-이'임.
주추	주초	←柱礎. 주춧-돌.

다만, 어원 의식이 강하게 작용하는 다음 단어에서는 양성 모음 형태를 그대로 표준어로 삼는다(ㄱ을 표준어로 삼고, ㄴ을 버림).

ㄱ	ㄴ	비고
부조(扶助)	부주	~금, 부좃-술.
사돈(査頓)	사둔	밭~, 안~.
삼촌(三寸)	삼춘	시~, 외~, 처~.

제9항 'ㅣ' 역행 동화 현상에 의한 발음은 원칙적으로 표준 발음으로 인정하지 아니하되, 다만 다음 단어들은 그러한 동화가 적용된 형태를 표준어로 삼는다(ㄱ을 표준어로 삼고, ㄴ을 버림).

ㄱ	ㄴ	비고
-내기	-나기	서울-, 시골-, 신출-, 풋-.
냄비	남비	
동댕이-치다	동당이-치다	

[붙임 1] 다음 단어는 'ㅣ' 역행 동화가 일어나지 아니한 형태를

표준어로 삼는다(ㄱ을 표준어로 삼고, ㄴ을 버림).

ㄱ	ㄴ	비고
아지랑이	아지랭이	

[붙임 2] 기술자에게는 '-장이', 그 외에는 '-쟁이'가 붙는 형태를 표준어로 삼는다(ㄱ을 표준어로 삼고, ㄴ을 버림).

ㄱ	ㄴ	비고
미장이	미쟁이	
유기장이	유기쟁이	
멋쟁이	멋장이	
소금쟁이	소금장이	
담쟁이-덩굴	담장이-덩굴	
골목쟁이	골목장이	
발목쟁이	발목장이	

제10항 다음 단어는 모음이 단순화한 형태를 표준어로 삼는다 (ㄱ을 표준어로 삼고, ㄴ을 버림).

ㄱ	ㄴ	비고
괴팍-하다	괴퍅-하다/괴팩-하다	
-구먼	-구면	
미루-나무	미류-나무	←美柳~.

미륵	미력	←彌勒. ~보살, ~불, 돌~.
여느	여늬	
온-달	왼-달	만 한 달.
으레	으례	
케케-묵다	켸켸-묵다	
허우대	허위대	
허우적-허우적	허위적-허위적	허우적-거리다.

제11항 다음 단어에서는 모음의 발음 변화를 인정하여, 발음이
바뀌어 굳어진 형태를 표준어로 삼는다(ㄱ을 표준어로 삼
고, ㄴ을 버림).

ㄱ	ㄴ	비고
-구려	-구료	
깍쟁이	깍정이	1. 서울~, 알~, 찰~.
		2. 도토리, 상수리 등의 받침 은 '깍정이'임.
나무라다	나무래다	
미수	미시	미숫-가루.
바라다	바래다	'바램[所望]'은 비표준어임.
상추	상치	~쌈.
시러베-아들	실업의-아들	
주책	주착	←主着. ~망나니, ~없다.
지루-하다	지리-하다	←支離.
튀기	트기	

| 허드레 | 허드래 | 허드렛-물, 허드렛-일. |
| 호루라기 | 호루루기 | |

제12항 '웃-' 및 '윗-'은 명사 '위'에 맞추어 '윗-'으로 통일한다 (ㄱ을 표준어로 삼고, ㄴ을 버림).

ㄱ	ㄴ	비고
윗-넓이	웃-넓이	
윗-눈썹	웃-눈썹	
윗-니	웃-니	
윗-당줄	웃-당줄	
윗-덧줄	웃-덧줄	
윗-도리	웃-도리	
윗-동아리	웃-동아리	준말은 '윗동'임.
윗-막이	웃-막이	
윗-머리	웃-머리	
윗-목	웃-목	
윗-몸	웃-몸	~ 운동.
윗-바람	웃-바람	
윗-배	웃-배	
윗-벌	웃-벌	
윗-변	웃-변	수학 용어.
윗-사랑	웃-사랑	
윗-세장	웃-세장	
윗-수염	웃-수염	
윗-입술	웃-입술	

ㄱ	ㄴ	비고
윗-잇몸	웃-잇몸	
윗-자리	웃-자리	
윗-중방	웃-중방	

다만 1. 된소리나 거센소리 앞에서는 '위-'로 한다(ㄱ을 표준어로 삼고, ㄴ을 버림).

ㄱ	ㄴ	비고
위-짝	웃-짝	
위-쪽	웃-쪽	
위-채	웃-채	
위-층	웃-층	
위-치마	웃-치마	
위-턱	웃-턱	~구름[上層雲].
위-팔	웃-팔	

다만 2. '아래, 위'의 대립이 없는 단어는 '웃-'으로 발음되는 형태를 표준어로 삼는다(ㄱ을 표준어로 삼고, ㄴ을 버림).

ㄱ	ㄴ	비고
웃-국	윗-국	
웃-기	윗-기	
웃-돈	윗-돈	
웃-비	윗-비	~걷다.

웃-어른	윗-어른	
웃-옷	윗-옷	

제13항 한자 '구(句)'가 붙어서 이루어진 단어는 '귀'로 읽는 것을 인정하지 아니하고, '구'로 통일한다(ㄱ을 표준어로 삼고, ㄴ을 버림).

ㄱ	ㄴ	비고
구법(句法)	귀법	
구절(句節)	귀절	
구점(句點)	귀점	
결구(結句)	결귀	
경구(警句)	경귀	
경인구(警人句)	경인귀	
난구(難句)	난귀	
단구(短句)	단귀	
단명구(短命句)	단명귀	
대구(對句)	대귀	~법(對句法).
문구(文句)	문귀	
성구(成句)	성귀	~어(成句語).
시구(詩句)	시귀	
어구(語句)	어귀	
연구(聯句)	연귀	
인용구(引用句)	인용귀	
절구(絶句)	절귀	

다만, 다음 단어는 '귀'로 발음되는 형태를 표준어로 삼는다
(ㄱ을 표준어로 삼고, ㄴ을 버림).

ㄱ	ㄴ	비고
귀-글 글-귀	구-글 글-구	

제3절 준말

제14항 준말이 널리 쓰이고 본말이 잘 쓰이지 않는 경우에는, 준
말만을 표준어로 삼는다(ㄱ을 표준어로 삼고, ㄴ을 버림).

ㄱ	ㄴ	비고
귀찮다	귀치 않다	
김	기음	~매다.
똬리	또아리	
무	무우	~강즙, ~말랭이, ~생채, 가랑 ~, 갓~, 왜~, 총각~.
미다	무이다	1. 털이 빠져 살이 드러나다. 2. 찢어지다.
뱀	배암	
뱀-장어	배암-장어	
빔	비음	설~, 생일~.

샘	새암	~바르다, ~바리.
생-쥐	새앙-쥐	
솔개	소리개	
온-갖	온-가지	
장사-치	장사-아치	

제15항 준말이 쓰이고 있더라도, 본말이 널리 쓰이고 있으면 본
말을 표준어로 삼는다(ㄱ을 표준어로 삼고, ㄴ을 버림).

ㄱ	ㄴ	비고
경황-없다	경-없다	
궁상-떨다	궁-떨다	
귀이-개	귀-개	
낌새	낌	
낙인-찍다	낙-하다/낙-치다	
내왕-꾼	냉-꾼	
돗-자리	돗	
뒤웅-박	뒝-박	
뒷물-대야	뒷-대야	
마구-잡이	막-잡이	
맵자-하다	맵자다	모양이 제격에 어울리다.
모이	모	
벽-돌	벽	
부스럼	부럼	정월 보름에 쓰는 '부럼'은 표준어임.
살얼음-판	살-판	

수두룩-하다	수둑-하다	
암-죽	암	
어음	엄	
일구다	일다	
죽-살이	죽-살	
퇴박-맞다	퇴-맞다	
한통-치다	통-치다	

[붙임] 다음과 같이 명사에 조사가 붙은 경우에도 이 원칙을 적용한다(ㄱ을 표준어로 삼고, ㄴ을 버림).

ㄱ	ㄴ	비고
아래-로	알-로	

제16항 준말과 본말이 다 같이 널리 쓰이면서 준말의 효용이 뚜렷이 인정되는 것은, 두 가지를 다 표준어로 삼는다(ㄱ은 본말이며, ㄴ은 준말임).

ㄱ	ㄴ	비고
거짓-부리	거짓-불	작은말은 '가짓부리, 가짓불'임.
노을	놀	저녁~.
막대기	막대	
망태기	망태	
머무르다	머물다	모음 어미가 연결될 때에는

서두르다	서둘다	준말의 활용형을 인정하지 않음.
서투르다	서툴다	
석새-삼베	석새-베	
시-누이	시-뉘/시-누	
오-누이	오-뉘/오-누	
외우다	외다	외우며, 외워 : 외며, 외어.
이기죽-거리다	이죽-거리다	
찌꺼기	찌끼	'찌걱지'는 비표준어임.

제4절 단수 표준어

제17항 비슷한 발음의 몇 형태가 쓰일 경우, 그 의미에 아무런
차이가 없고, 그중 하나가 더 널리 쓰이면, 그 한 형태만
을 표준어로 삼는다(ㄱ을 표준어로 삼고, ㄴ을 버림).

ㄱ	ㄴ	비고
거든-그리다	거둥-그리다	1. 거든하게 거두어 싸다.
		2. 작은말은 '가든-그리다'임.
구어-박다	구워-박다	사람이 한 군데에서만 지내다.
귀-고리	귀엣-고리	
귀-띔	귀-틤	
귀-지	귀에-지	
까딱-하면	까땍-하면	

꼭두-각시	꼭둑-각시	
내색	나색	감정이 나타나는 얼굴빛.
내숭-스럽다	내흉-스럽다	
냠냠-거리다	얌냠-거리다	냠냠-하다.
냠냠-이	얌냠-이	
너[四]	네	~ 돈, ~ 말, ~ 발, ~ 푼.
넉[四]	너/네	~ 냥, ~ 되, ~ 섬, ~ 자.
다다르다	다닫다	
댑-싸리	대-싸리	
더부룩-하다	더뿌룩-하다/듬뿌룩-하다	
-던	-든	선택, 무관의 뜻을 나타내는
-던가	-든가	어미는 '-든'임.
-던걸	-든걸	가-든(지) 말-든(지), 보-든(가)
-던고	-든고	말-든(가).
-던데	-든데	
-던지	-든지	
-(으)려고	-(으)ㄹ려고/-(으)ㄹ라고	
-(으)려야	-(으)ㄹ려야/-(으)ㄹ래야	
망가-뜨리다	망그-뜨리다	
멸치	며루치/메리치	
반빗-아치	반비-아치	'반빗' 노릇을 하는 사람. 찬비
		(饌婢).
		'반비'는 밥 짓는 일을 맡은
		계집종.
보습	보십/보섭	
본새	뽄새	
봉숭아	봉숭화	'봉선화'도 표준어임.

뺨-따귀	뺨-따귀/뺨-따구니	'뺨'의 비속어임.
뻐개다[斫]	뻐기다	두 조각으로 가르다.
뻐기다[誇]	뻐개다	뽐내다.
사자-탈	사지-탈	
상-판대기	쌍-판대기	
서[三]	세/석	~ 돈, ~ 말, ~ 발, ~ 푼.
석[三]	세	~ 냥, ~ 되, ~ 섬, ~ 자.
설령(設令)	서령	
-습니다	-읍니다	먹습니다, 갔습니다, 없습니다, 있습니다, 좋습니다. 모음 뒤에는 '-ㅂ니다'임.
시름-시름	시늠-시늠	
쏨벅-쏨벅	썸벅-썸벅	
아궁이	아궁지	
아내	안해	
어-중간	어지-중간	
오금-팽이	오금-탱이	
오래-오래	도래-도래	돼지 부르는 소리.
-올시다	-올습니다	
옹골-차다	공골-차다	
우두커니	우두머니	작은말은 '오도카니'임.
잠-투정	잠-투세/잠-주정	
재봉-틀	자봉-틀	발~, 손~.
짓-무르다	짓-물다	
짚-북데기	짚-북세기	'짚북더기'도 비표준어임.
쪽	짝	편(便). 이~, 그~, 저~. 다만, '아무-짝'은 '짝'임.

천장(天障)	천정	'천정부지(天井不知)'는 '천정'임.
코-맹맹이	코-맹녕이	
흉-업다	흉-헙다	

제5절 복수 표준어

제18항 다음 단어는 ㄱ을 원칙으로 하고, ㄴ도 허용한다.

ㄱ	ㄴ	비고
네	예	
쇠-	소-	-가죽, -고기, -기름, -머리, -뼈.
괴다	고이다	물이 ~, 밑을 ~.
꾀다	꼬이다	어린애를 ~, 벌레가 ~.
쐬다	쏘이다	바람을 ~.
죄다	조이다	나사를 ~.
쬐다	쪼이다	볕을 ~.

제19항 어감의 차이를 나타내는 단어 또는 발음이 비슷한 단어들이 다 같이 널리 쓰이는 경우에는, 그 모두를 표준어로 삼는다(ㄱ, ㄴ을 모두 표준어로 삼음).

ㄱ	ㄴ	비고
거슴츠레-하다	게슴츠레-하다	
고까	꼬까	~신, ~옷.
고린-내	코린-내	
교기(驕氣)	갸기	교만한 태도.
구린-내	쿠린-내	
꺼림-하다	께름-하다	
나부랭이	너부렁이	

제3장 어휘 선택의 변화에 따른 표준어 규정

제1절 고어

제20항 사어(死語)가 되어 쓰이지 않게 된 단어는 고어로 처리하고, 현재 널리 사용되는 단어를 표준어로 삼는다(ㄱ을 표준어로 삼고, ㄴ을 버림).

ㄱ	ㄴ	비고
난봉	봉	
낭떠러지	낭	
설거지-하다	설겆다	
애달프다	애닲다	
오동-나무	머귀-나무	
자두	오얏	

제2절 한자어

제21항 고유어 계열의 단어가 널리 쓰이고 그에 대응되는 한자

어 계열의 단어가 용도를 잃게 된 것은, 고유어 계열의 단어만을 표준어로 삼는다(ㄱ을 표준어로 삼고, ㄴ을 버림).

ㄱ	ㄴ	비고
가루-약	말-약	
구들-장	방-돌	
길품-삯	보행-삯	
까막-눈	맹-눈	
꼭지-미역	총각-미역	
나뭇-갓	시장-갓	
늙-다리	노-닥다리	
두껍-닫이	두껍-창	
떡-암죽	병-암죽	
마른-갈이	건-갈이	
마른-빨래	건-빨래	
메-찰떡	반-찰떡	
박달-나무	배달-나무	
밥-소라	식-소라	큰 놋그릇.
사래-논	사래-답	묘지기나 마름이 부쳐
사래-밭	사래-전	먹는 땅.
삯-말	삯-마	
성냥	화-곽	
솟을-무늬	솟을-문(~紋)	
외-지다	벽-지다	
움-파	동-파	
잎-담배	잎-초	
잔-돈	잔-전	

조-당수	조-당죽	
죽데기	피-죽	'죽더기'도 비표준어임.
지겟-다리	목-발	지게 동발의 양쪽 다리.
짐-꾼	부지-군(負持-)	
푼-돈	분-전/푼-전	
흰-말	백-말/부루-말	'백마'는 표준어임.
흰-죽	백-죽	

제22항 고유어 계열의 단어가 생명력을 잃고 그에 대응되는 한
자어 계열의 단어가 널리 쓰이면, 한자어 계열의 단어를
표준어로 삼는다(ㄱ을 표준어로 삼고, ㄴ을 버림).

ㄱ	ㄴ	비고
개다리-소반	개다리-밥상	
겸-상	맞-상	
고봉-밥	높은-밥	
단-벌	홑-벌	
마방-집	마바리-집	馬房~.
민망-스럽다/면구-스럽다	민주-스럽다	
방-고래	구들-고래	
부항-단지	뜸-단지	
산-누에	멧-누에	
산-줄기	멧-줄기/멧-발	
수-삼	무-삼	
심-돋우개	불-돋우개	

양-파	둥근-파	
어질-병	어질-머리	
윤-달	군-달	
장력-세다	장성-세다	
제석	젯-돗	
총각-무	알-무/알타리-무	
칫-솔	잇-솔	
포수	총-댕이	

제3절 방언

제23항 방언이던 단어가 표준어보다 더 널리 쓰이게 된 것은, 그것을 표준어로 삼는다. 이 경우, 원래의 표준어는 그대로 표준어로 남겨 두는 것을 원칙으로 한다(ㄱ을 표준어로 삼고, ㄴ도 표준어로 남겨 둠).

ㄱ	ㄴ	비고
멍게	우렁쉥이	
물-방개	선두리	
애-순	어린-순	

제24항 방언이던 단어가 널리 쓰이게 됨에 따라 표준어이던 단

어가 안 쓰이게 된 것은, 방언이던 단어를 표준어로 삼는다(ㄱ을 표준어로 삼고, ㄴ을 버림).

ㄱ	ㄴ	비고
귀밑-머리	귓-머리	
까-뭉개다	까-무느다	
막상	마기	
빈대-떡	빈자-떡	
생인-손	생안-손	준말은 '생-손'임.
역-겹다	역-스럽다	
코-주부	코-보	

제4절 단수 표준어

제25항 의미가 똑같은 형태가 몇 가지 있을 경우, 그중 어느 하나가 압도적으로 널리 쓰이면, 그 단어만을 표준어로 삼는다(ㄱ을 표준어로 삼고, ㄴ을 버림).

ㄱ	ㄴ	비고
-게끔	-게시리	
겸사-겸사	겸지-겸지/겸두-겸두	
고구마	참-감자	
고치다	낫우다	병을 ~.

골목-쟁이	골목-자기	
광주리	광우리	
괴통	호구	자루를 박는 부분.
국-물	멀-국/말-국	
군-표	군용-어음	
길-잡이	길-앞잡이	'길라잡이'도 표준어임.
까치-발	까치-다리	선반 따위를 받치는 물건.
꼬창-모	말뚝-모	꼬챙이로 구멍을 뚫으면서 심는 모.
나룻-배	나루	'나루[津]'는 표준어임.
납-도리	민-도리	
농-지거리	기롱-지거리	다른 의미의 '기롱지거리'는 표준어임.
다사-스럽다	다사-하다	간섭을 잘하다.
다오	다구	이리 ~.
담배-꽁초	담배-꼬투리/ 담배-꽁치/담배-꽁추	
담배-설대	대-설대	
대장-일	성냥-일	
뒤져-내다	뒤어-내다	
뒤통수-치다	뒤꼭지-치다	
등-나무	등-칡	
등-때기	등-떠리	'등'의 낮은말.
등잔-걸이	등경-걸이	
떡-보	떡-충이	
똑딱-단추	딸꼭-단추	
매-만지다	우미다	

먼-발치	먼-발치기	
며느리-발톱	뒷-발톱	
명주-붙이	주-사니	
목-메다	목-맺히다	
밀짚-모자	보릿짚-모자	
바가지	열-바가지/열-박	
바람-꼭지	바람-고다리	튜브의 바람을 넣는 구멍에 붙은, 쇠로 만든 꼭지.
반-나절	나절-가웃	
반두	독대	그물의 한 가지.
버젓-이	뉘연-히	
본-받다	법-받다	
부각	다시마-자반	
부끄러워-하다	부끄리다	
부스러기	부스럭지	
부지깽이	부지팽이	
부항-단지	부항-항아리	부스럼에서 피고름을 빨아내기 위하여 부항을 붙이는 데 쓰는, 자그마한 단지.
붉으락-푸르락	푸르락-붉으락	
비켜-덩이	옆-사리미	김맬 때에 흙덩이를 옆으로 빼내는 일, 또는 그 흙덩이.
빙충-이	빙충-맞이	작은말은 '뱅충이'.
빠-뜨리다	빠-치다	'빠트리다'도 표준어임.
뻣뻣-하다	왜긋다	
뽐-내다	느물다	
사로-잠그다	사로-채우다	자물쇠나 빗장 따위를

		반 정도만 걸어 놓다.
살-풀이	살-막이	
상투-쟁이	상투-꼬부랑이	상투 튼 이를 놀리는 말.
새앙-손이	생강-손이	
샛-별	새벽-별	
선-머슴	풋-머슴	
섭섭-하다	애운-하다	
속-말	속-소리	국악 용어 '속소리'는 표준어임.
손목-시계	팔목-시계/팔뚝-시계	
손-수레	손-구루마	'구루마'는 일본어임.
쇠-고랑	고랑-쇠	
수도-꼭지	수도-고동	
숙성-하다	숙-지다	
순대	골-집	
술-고래	술-꾸러기/술-부대/술- 보/술-푸대	
식은-땀	찬-땀	
신기-롭다	신기-스럽다	'신기-하다'도 표준어임.
쌍동-밤	쪽-밤	
쏜살-같이	쏜살-로	
아주	영판	
안-걸이	안-낚시	씨름 용어.
안다미-씌우다	안다미-시키다	제가 담당할 책임을 남에게 넘기다.
안쓰럽다	안-슬프다	
안절부절-못하다	안절부절-하다	
앉은뱅이-저울	앉은-저울	

알-사탕	구슬-사탕	
암-내	곁땀-내	
앞-지르다	따라-먹다	
애-벌레	어린-벌레	
얕은-꾀	물탄-꾀	
언뜻	펀뜻	
언제나	노다지	
얼룩-말	워라-말	
열심-히	열심-으로	
입-담	말-담	
자배기	너벅지	
전봇-대	전선-대	
쥐락-펴락	펴락-쥐락	
-지만	-지만서도	←-지마는.
짓고-땡	지어-땡/짓고-땡이	
짧은-작	짜른-작	
찹-쌀	이-찹쌀	
청대-콩	푸른-콩	
칡-범	갈-범	

제5절 복수 표준어

제26항 한 가지 의미를 나타내는 형태 몇 가지가 널리 쓰이며
표준어 규정에 맞으면, 그 모두를 표준어로 삼는다.

복수 표준어	비고
가는-허리/잔-허리	
가락-엿/가래-엿	
가뭄/가물	
가엾다/가엽다	가엾어/가여워, 가엾은/가여운.
감감-무소식/감감-소식	
개수-통/설거지-통	'설겆다'는 '설거지하다'로.
개숫-물/설거지-물	
갱-엿/검은-엿	
-거리다/-대다	가물-, 출렁-.
거위-배/횟-배	
것/해	내 ~, 네 ~, 뉘 ~.
게을러-빠지다/게을러-터지다	
고깃-간/푸줏-간	'고깃-관, 푸줏-관, 다림-방'은 비표준어임.
곰곰/곰곰-이	
관계-없다/상관-없다	
교정-보다/준-보다	
구들-재/구재	
귀퉁-머리/귀퉁-배기	'귀퉁이'의 비어임.
극성-떨다/극성-부리다	
기세-부리다/기세-피우다	
기승-떨다/기승-부리다	
깃-저고리/배내-옷/배냇-저고리	
꼬까/때때/고까	~신, ~옷.
꼬리-별/살-별	
꽃-도미/붉-돔	
나귀/당-나귀	

필요할 때 찾아보는 **교정·교열 안내서**

날-걸/세-뿔	윷판의 쩰밭 다음의 셋째 밭.
내리-글씨/세로-글씨	
넝쿨/덩굴	'덩쿨'은 비표준어임.
녘/쪽	동~, 서~.
눈-대중/눈-어림/눈-짐작	
느리-광이/느림-보/늘-보	
늦-모/마냥-모	←만이앙-모.
다기-지다/다기-차다	
다달-이/매-달	
-다마다/-고말고	
다박-나룻/다박-수염	
닭의-장/닭-장	
댓-돌/툇-돌	
덧-창/겉-창	
독장-치다/독판-치다	
동자-기둥/쪼구미	
돼지-감자/뚱딴지	
되우/된통/되게	
두동-무니/두동-사니	윷놀이에서, 두 동이 한데 어울려 가는 말.
뒷-갈망/뒷-감당	
뒷-말/뒷-소리	
들락-거리다/들랑-거리다	
들락-날락/들랑-날랑	
딴-전/딴-청	
땅-콩/호-콩	
땔-감/땔-거리	
-뜨리다/-트리다	깨-, 떨어-, 쏟-.

뜬-것/뜬-귀신	
마룻-줄/용총-줄	돛대에 매어 놓은 줄. '이어줄'은 비표준어임.
마-파람/앞-바람	
만장-판/만장-중(滿場中)	
만큼/만치	
말-동무/말-벗	
매-갈이/매-조미	
매-통/목-매	
먹-새/먹음-새	'먹음-먹이'는 비표준어임.
멀찌감치/멀찌가니/멀찍-이	
먹-통/산-먹/산-먹통	
면-치레/외면-치레	
모-내다/모-심다	모-내기, 모-심기.
모쪼록/아무쪼록	
목판-되/모-되	
목화-씨/면화-씨	
무심-결/무심-중	
물-봉숭아/물-봉선화	
물-부리/빨-부리	
물-심부름/물-시중	
물추리-나무/물추리-막대	
물-타작/진-타작	
민둥-산/벌거숭이-산	
밑-층/아래-층	
바깥-벽/밭-벽	
바른/오른[右]	~손, ~쪽, ~편.
발-모가지/발-목쟁이	'발목'의 비속어임.

버들-강아지/버들-개지	
벌레/버러지	'벌거지, 벌러지'는 비표준어임.
변덕-스럽다/변덕-맞다	
보-조개/볼-우물	
보통-내기/여간-내기/예사-내기	'행-내기'는 비표준어임.
볼-따구니/볼-퉁이/볼-때기	'볼'의 비속어임.
부침개-질/부침-질/지짐-질	'부치개-질'은 비표준어임.
불똥-앉다/등화-지다/등화-앉다	
불-사르다/사르다	
비발/비용(費用)	
뾰두라지/뾰루지	
살-쾡이/삵	삵-피.
삽살-개/삽사리	
상두-꾼/상여-꾼	'상도-꾼, 향도-꾼'은 비표준어임.
상-씨름/소-걸이	
생/새앙/생강	
생-뿔/새앙-뿔/생강-뿔	'쇠뿔'의 형용.
생-철/양-철	1. '서양철'은 비표준어임.
	2. '生鐵'은 '무쇠'임.
서럽다/섧다	'설다'는 비표준어임.
서방-질/화냥-질	
성글다/성기다	
-(으)세요/-(으)셔요	
송이/송이-버섯	
수수-깡/수숫-대	
술-안주/안주	
-스레하다/-스름하다	거무-, 발그-.

시늉-말/흉내-말	
시새/세사(細沙)	
신/신발	
신주-보/독보(櫝褓)	
심술-꾸러기/심술-쟁이	
씁쓰레-하다/씁쓰름-하다	
아귀-세다/아귀-차다	
아래-위/위-아래	
아무튼/어떻든/어쨌든/하여튼/여하튼	
앉음-새/앉음-앉음	
알은-척/알은-체	
애-갈이/애벌-갈이	
애꾸눈-이/외눈-박이	'외대-박이, 외눈-퉁이'는 비표준어임.
양념-감/양념-거리	
어금버금-하다/어금지금-하다	
어기여차/어여차	
어림-잡다/어림-치다	
어이-없다/어처구니-없다	
어저께/어제	
언덕-바지/언덕-배기	
얼렁-뚱땅/엄벙-뗑	
여왕-벌/장수-벌	
여쭈다/여쭙다	
여태/입때	'여직'은 비표준어임.
여태-껏/이제-껏/입때-껏	'여직-껏'은 비표준어임.
역성-들다/역성-하다	'편역-들다'는 비표준어임.
연-달다/잇-달다	

필요할 때 찾아보는 **교정·교열 안내서**

엿-가락/엿-가래	
엿-기름/엿-길금	
엿-반대기/엿-자박	
오사리-잡놈/오색-잡놈	'오합-잡놈'은 비표준어임.
옥수수/강냉이	~떡, ~묵, ~밥, ~튀김.
왕골-기직/왕골-자리	
외겹-실/외올-실/홑-실	'홑겹-실, 올-실'은 비표준어임.
외손-잡이/한손-잡이	
욕심-꾸러기/욕심-쟁이	
우레/천둥	우렛-소리/천둥-소리.
우지/울-보	
을러-대다/을러-메다	
의심-스럽다/의심-쩍다	
-이에요/-이어요	
이틀-거리/당-고금	학질의 일종임.
일일-이/하나-하나	
일찌감치/일찌거니	
입찬-말/입찬-소리	
자리-옷/잠-옷	
자물-쇠/자물-통	
장가-가다/장가-들다	'서방-가다'는 비표준어임.
재롱-떨다/재롱-부리다	
제-가끔/제-각기	
좀-처럼/좀-체	'좀-체로, 좀-해선, 좀-해'는 비표준어임.
줄-꾼/줄-잡이	
중신/중매	
짚-단/짚-뭇	

쪽/편	오른~, 왼~.
차차/차츰	
책-씻이/책-거리	
척/체	모르는 ~, 잘난 ~.
천연덕-스럽다/천연-스럽다	
철-따구니/철-딱서니/철-딱지	'철-때기'는 비표준어임.
추어-올리다/추어-주다	'추켜-올리다'는 비표준어임.
축-가다/축-나다	
침-놓다/침-주다	
통-꼭지/통-젖	통에 붙은 손잡이.
파자-쟁이/해자-쟁이	점치는 이.
편지-투/편지-틀	
한턱-내다/한턱-하다	
해웃-값/해웃-돈	'해우-차'는 비표준어임.
혼자-되다/홀로-되다	
흠-가다/흠-나다/흠-지다	

대표적인 교정부호

교정부호	기능	교정 전	교정 후
∨	사이 띄우기	기획의 결과는 스테디셀러로	기획의 결과는 스테디셀러로
⌒	붙이기	기획의 결 과는 스테디셀러로	기획의 결과는 스테디셀러로
ℓℓ	삭제하기	기획의 결과는 스테디셀러로	기획의 결과는 스테디셀러로
⌐	줄 바꾸기	말한다. 다음과 같은 결과는	말한다. 다음과 같은 결과는
⌇	줄 잇기	기획의 결과는 스테디셀러로 말한다	기획의 결과는 스테디셀러로 말한다
⌄	삽입	스테디셀러로 기획의 결과는 말한다	기획의 결과는 스테디셀러로 말한다
ℓ	수정	로 기획의 결과는 스테디셀러말한다	기획의 결과는 스테디셀러로 말한다
⌒	자리 바꾸기	스테디셀러로 기획의 결과는	기획의 결과는 스테디셀러로
⌐	들여쓰기	기획의 결과는 스테디셀러로 말한다	기획의 결과는 스테디셀러로 말한다
⌐	내어쓰기	기획의 결과는 스테디셀러로 말한다	기획의 결과는 스테디셀러로 말한다
⊓	끌어 내리기	결과는 기획의 스테디셀러로	기획의 결과는 스테디셀러로
⊔	끌어 올리기	기획의 스테디셀러로 결과는	기획의 결과는 스테디셀러로
＞	줄 삽입	기획의 결과는 스테디셀러로 말한다	기획의 결과는 스테디셀러로 말한다
⊕生	원래대로 두기	生 기획의 결과는 스테디셀러로 말한다	기획의 결과는 스테디셀러로 말한다
ℓ	글자 똑바로 하기	기획의 결과는 스테디셀러로 말한다	기획의 결과는 스테디셀러로 말한다
⋎⋎	2글자 간격 띄우기	기획의 결과는 스테디셀러로	기획의 결과는 스테디셀러로
몸⟩	2줄 띄우기	기획의 결과는 스테디셀러로 말한다	기획의 결과는 스테디셀러로 말한다

제3부

외래어 표기법

일러두기

[외래어 표기법]은 문화체육관광부 고시 제2017-14호(2017.3.28.)이다.

제1장 표기의 기본 원칙

제1항 외래어는 국어의 현용 24 자모만으로 적는다.

제2항 외래어의 1 음운은 원칙적으로 1 기호로 적는다.

제3항 받침에는 'ㄱ, ㄴ, ㄹ, ㅁ, ㅂ, ㅅ, ㅇ'만을 쓴다.

제4항 파열음 표기에는 된소리를 쓰지 않는 것을 원칙으로
한다.

제5항 이미 굳어진 외래어는 관용을 존중하되, 그 범위와 용례
는 따로 정한다.

제2장 표기 일람표

국제 음성 기호와 한글 대조표

자 음			반모음		모 음	
국제 음성 기호	한글		국제 음성 기호	한글	국제 음성 기호	한글
	모음 앞	자음 앞 또는 어말				
p	ㅍ	ㅂ, 프	j	이*	i	이
b	ㅂ	브	ɥ	위	y	위
t	ㅌ	ㅅ, 트	w	오, 우*	e	에
d	ㄷ	드			ø	외
k	ㅋ	ㄱ, 크			ɛ	에
g	ㄱ	그			ɛ̃	앵
f	ㅍ	프			œ	외
v	ㅂ	브			œ̃	욍
θ	ㅅ	스			æ	애
ð	ㄷ	드			a	아
s	ㅅ	스			ɑ	아
z	ㅈ	즈			ɑ̃	앙
ʃ	시	슈, 시			ʌ	어
ʒ	ㅈ	지			ɔ	오
ʦ	ㅊ	츠			ɔ̃	옹
ʣ	ㅈ	즈			o	오
ʧ	ㅊ	치			u	우
ʤ	ㅈ	지			ə**	어
m	ㅁ	ㅁ			ɚ	어

n	ㄴ	ㄴ				
ɲ	니*	뉴				
ŋ	ㅇ	ㅇ				
l	ㄹ, ㄹㄹ	ㄹ				
r	ㄹ	르				
h	ㅎ	흐				
ç	ㅎ	히				
x	ㅎ	흐				

* [j], [w]의 '이'와 '오, 우', 그리고 [ɲ]의 '니'는 모음과 결합할 때 제3장 표기
  세칙에 따른다.

** 독일어의 경우에는 '에', 프랑스어의 경우에는 '으'로 적는다.

제3장 표기 세칙

제1항 무성 파열음([p], [t], [k])

1. 짧은 모음 다음의 어말 무성 파열음([p], [t], [k])은 받침으로 적는다.

   보기　gap[gæp] 갭　　　　　cat[kæt] 캣

   　　　　book[buk] 북

2. 짧은 모음과 유음·비음([l], [r], [m], [n]) 이외의 자음 사이에 오는 무성 파열음([p], [t], [k])은 받침으로 적는다.

   보기　apt[æpt] 앱트　　　　setback[setbæk] 셋백

   　　　　act[ækt] 액트

3. 위 경우 이외의 어말과 자음 앞의 [p], [t], [k]는 '으'를 붙여 적는다.

   보기　stamp[stæmp] 스탬프　cape[keip] 케이프

   　　　　nest[nest] 네스트　　　part[pɑːt] 파트

desk[desk] 데스크 make[meik] 메이크

apple[æpl] 애플 mattress[mætris] 매트리스

chipmunk[ʧipmʌŋk] 치프멍크

sickness[siknis] 시크니스

제2항 유성 파열음([b], [d], [g])

어말과 모든 자음 앞에 오는 유성 파열음은 '으'를 붙여 적는다.

보기 bulb[bʌlb] 벌브 land[lænd] 랜드

zigzag[zigzæg] 지그재그 lobster[lɔbstə] 로브스터

kidnap[kidnæp] 키드냅 signal[signəl] 시그널

제3항 마찰음([s], [z], [f], [v], [θ], [ð], [ʃ], [ʒ])

1. 어말 또는 자음 앞의 [s], [z], [f], [v], [θ], [ð]는 '으'를 붙여 적는다.

   보기 mask[mɑːsk] 마스크 jazz[dʒæz] 재즈

   graph[græf] 그래프 olive[ɔliv] 올리브

   thrill[θril] 스릴 bathe[beið] 베이드

2. 어말의 [ʃ]는 '시'로 적고, 자음 앞의 [ʃ]는 '슈'로, 모음 앞의

[ʃ]는 뒤따르는 모음에 따라 '샤', '섀', '셔', '셰', '쇼', '슈', '시'로 적는다.

> **보기** flash[flæʃ] 플래시   shrub[ʃrʌb] 슈러브
>
> shark[ʃɑːk] 샤크   shank[ʃæŋk] 섕크
>
> fashion[fæʃən] 패션   sheriff[ʃerif] 셰리프
>
> shopping[ʃɔpiŋ] 쇼핑   shoe[ʃuː] 슈
>
> shim[ʃim] 심

3. 어말 또는 자음 앞의 [ʒ]는 '지'로 적고, 모음 앞의 [ʒ]는 'ㅈ' 으로 적는다.

> **보기** mirage[mirɑːʒ] 미라지   vision[viʒən] 비전

제4항 파찰음([ts], [dz], [ʧ], [ʤ])

1. 어말 또는 자음 앞의 [ts], [dz]는 '츠', '즈'로 적고, [ʧ], [ʤ]는 '치', '지'로 적는다.

> **보기** Keats[kiːts] 키츠   odds[ɔdz] 오즈
>
> switch[swiʧ] 스위치   bridge[briʤ] 브리지
>
> Pittsburgh[pitsbəːg] 피츠버그
>
> hitchhike[hiʧhaik] 히치하이크

2. 모음 앞의 [ʧ], [ʤ]는 'ㅊ', 'ㅈ'으로 적는다.

보기　　chart[ʧɑːt] 차트　　　　virgin[vəːʤin] 버진

제5항　비음([m], [n], [ŋ])

1. 어말 또는 자음 앞의 비음은 모두 받침으로 적는다.

보기　　steam[stiːm] 스팀　　　corn[kɔːn] 콘

　　　　　　ring[riŋ] 링　　　　　　lamp[læmp] 램프

　　　　　　hint[hint] 힌트　　　　 ink[iŋk] 잉크

2. 모음과 모음 사이의 [ŋ]은 앞 음절의 받침 'ㅇ'으로 적는다.

보기　　hanging[hæŋiŋ] 행잉　　longing[lɔŋiŋ] 롱잉

제6항　유음([l])

1. 어말 또는 자음 앞의 [l]은 받침으로 적는다.

보기　　hotel[houtel] 호텔　　　pulp[pʌlp] 펄프

2. 어중의 [l]이 모음 앞에 오거나, 모음이 따르지 않는 비음([m], [n]) 앞에 올 때에는 'ㄹㄹ'로 적는다.

다만, 비음([m], [n]) 뒤의 [l]은 모음 앞에 오더라도 'ㄹ'로 적는다.

보기　slide[slaid] 슬라이드　　　film[film] 필름

　　　　　helm[helm] 헬름　　　　swoln[swouln] 스월른

　　　　　Hamlet[hæmlit] 햄릿　　Henley[henli] 헨리

제7항　장모음

장모음의 장음은 따로 표기하지 않는다.

보기　team[tiːm] 팀　　　　　route[ruːt] 루트

제8항　중모음([ai], [au], [ei], [ɔi], [ou], [auə])

중모음은 각 단모음의 음가를 살려서 적되, [ou]는 '오'로, [auə]는 '아워'로 적는다.

보기　time[taim] 타임　　　　house[haus] 하우스

　　　　　skate[skeit] 스케이트　　oil[ɔil] 오일

　　　　　boat[bout] 보트　　　　tower[tauə] 타워

제9항　반모음([w], [j])

1. [w]는 뒤따르는 모음에 따라 [wə], [wɔ], [wou]는 '워', [wɑ]는 '와', [wæ]는 '왜', [we]는 '웨', [wi]는 '위', [wu]는 '우'로 적는다.

보기	word[wəːd] 워드	want[wɔnt] 원트
	woe[wou] 워	wander[wɑndə] 완더
	wag[wæg] 왜그	west[west] 웨스트
	witch[witʃ] 위치	wool[wul] 울

2. 자음 뒤에 [w]가 올 때에는 두 음절로 갈라 적되, [gw], [hw], [kw]는 한 음절로 붙여 적는다.

보기	swing[swiŋ] 스윙	twist[twist] 트위스트
	penguin[peŋgwin] 펭귄	whistle[hwisl] 휘슬
	quarter[kwɔːtə] 쿼터	

3. 반모음 [j]는 뒤따르는 모음과 합쳐 '야', '얘', '여', '예', '요', '유', '이'로 적는다. 다만, [d], [l], [n] 다음에 [jə]가 올 때에는 각각 '디어', '리어', '니어'로 적는다.

보기	yard[jɑːd] 야드	yank[jæŋk] 얭크
	yearn[jəːn] 연	yellow[jelou] 옐로
	yawn[jɔːn] 욘	you[juː] 유
	year[jiə] 이어	Indian[indjən] 인디언
	battalion[bətæljən] 버탤리언	
	union[juːnjən] 유니언	

제10항 복합어

1. 따로 설 수 있는 말의 합성으로 이루어진 복합어는 그것을 구성하고 있는 말이 단독으로 쓰일 때의 표기대로 적는다.

> **보기**　cuplike[kʌplaik] 컵라이크
>
> 　　　　bookend[bukend] 북엔드
>
> 　　　　headlight[hedlait] 헤드라이트
>
> 　　　　touchwood[tʌʃwud] 터치우드
>
> 　　　　sit-in[sitin] 싯인
>
> 　　　　bookmaker[bukmeikə] 북메이커
>
> 　　　　flashgun[flæʃgʌn] 플래시건
>
> 　　　　topknot[tɔpnɔt] 톱놋

2. 원어에서 띄어 쓴 말은 띄어 쓴 대로 한글 표기를 하되, 붙여 쓸 수도 있다.

> **보기**　Los Alamos[lɔsæləmous] 로스 앨러모스/로스앨러모스
>
> 　　　　top class[tɔpklæs] 톱 클래스/톱클래스

제4장 인명, 지명 표기의 원칙

제1절 표기 원칙

제1항 외국의 인명, 지명의 표기는 제1장, 제2장, 제3장의 규정을 따르는 것을 원칙으로 한다.

제2항 제3장에 포함되어 있지 않은 언어권의 인명, 지명은 원지음을 따르는 것을 원칙으로 한다.

> **보기** Ankara 앙카라   Gandhi 간디

제3항 원지음이 아닌 제3국의 발음으로 통용되고 있는 것은 관용을 따른다.

> **보기** Hague 헤이그   Caesar 시저

제4항 고유 명사의 번역명이 통용되는 경우 관용을 따른다.

> **보기** Pacific Ocean 태평양   Black Sea 흑해

제2절 동양의 인명, 지명 표기

제1항 중국 인명은 과거인과 현대인을 구분하여 과거인은 종전의 한자음대로 표기하고, 현대인은 원칙적으로 중국어 표기법에 따라 표기하되, 필요한 경우 한자를 병기한다.

제2항 중국의 역사 지명으로서 현재 쓰이지 않는 것은 우리 한자음대로 하고, 현재 지명과 동일한 것은 중국어 표기법에 따라 표기하되, 필요한 경우 한자를 병기한다.

제3항 일본의 인명과 지명은 과거와 현대의 구분 없이 일본어 표기법에 따라 표기하는 것을 원칙으로 하되, 필요한 경우 한자를 병기한다.

제4항 중국 및 일본의 지명 가운데 한국 한자음으로 읽는 관용이 있는 것은 이를 허용한다.

> **보기** 東京 도쿄, 동경   京都 교토, 경도
> 　　　　　上海 상하이, 상해   臺灣 타이완, 대만
> 　　　　　黃河 황허, 황하

제3절 바다, 섬, 강, 산 등의 표기 세칙

제1항 바다는 '해(海)'로 통일한다.

> **보기** 홍해, 발트해, 아라비아해

제2항 우리나라를 제외하고 섬은 모두 '섬'으로 통일한다.

> **보기** 타이완섬, 코르시카섬(우리나라: 제주도, 울릉도)

제3항 한자 사용 지역(일본, 중국)의 지명이 하나의 한자로 되어 있을 경우, '강', '산', '호', '섬' 등은 겹쳐 적는다.

> **보기** 온타케산(御岳)　　　주장강(珠江)
>
> 　　　　도시마섬(利島)　　　하야카와강(早川)
>
> 　　　　위산산(玉山)

제4항 지명이 산맥, 산, 강 등의 뜻이 들어 있는 것은 '산맥', '산', '강' 등을 겹쳐 적는다.

> **보기** Rio Grande 리오그란데강
>
> 　　　　Monte Rosa 몬테로사산
>
> 　　　　Mont Blanc 몽블랑산
>
> 　　　　Sierra Madre 시에라마드레산맥

대표적인 문장부호

문장부호	종류	설명
마침표	온점(.) 고리점(˚)	– 가로쓰기에는 온점을, 세로쓰기에는 고리점을 쓴다. – 서술, 명령, 청유 등을 나타내는 문장의 끝에, 아라비아 숫자만으로 연월일을 표시할 때 등에 쓴다.
	물음표(?)	– 직접 질문을 하거나 특정 어구 또는 그 내용에 대하여 의심이나 빈정거림, 비웃음을 표시할 때, 적절한 말을 쓰기 어려울 때 쓴다.
	느낌표(!)	– 감탄사나 종결 어미 다음에 쓰거나 강한 명령문 또는 청유형 등에 쓴다.
쉼표	반점(,) 모점(、)	– 가로쓰기에는 반점, 세로쓰기에는 모점을 쓴다. – 같은 자격의 어구가 열거될 때, 짝을 지어 구별할 필요가 있을 때, 바로 다음 말을 꾸미지 않을 때, 대등하거나 종속적인 절이 이어질 때 등에 쓴다.
	가운뎃점(·)	– 쉼표로 열거된 어구가 다시 여러 단위로 나뉠 때, 같은 계열의 단어 사이 등에 쓴다.
	쌍점(:)	– 내포되는 종류를 열거할 때, 시(時)와 분(分), 장(章)과 절(節) 따위를 구별할 때 등에 쓴다.
	빗금(/)	– 대응, 대립하거나 대등한 것을 함께 보이는 단어와 구, 절 사이 또는 분수를 나타낼 때 쓴다.
따옴표	큰따옴표(" ") 겹낫표(『 』)	– 가로쓰기에는 큰따옴표, 세로쓰기에는 겹낫표를 쓴다. – 글 가운데서 직접 대화를 표시할 때, 남의 말을 인용할 때 등에 쓴다.
	작은따옴표(' ') 홑낫표(「 」)	– 가로쓰기에는 작은따옴표, 세로쓰기에는 홑낫표를 쓴다. – 따온 말 가운데 다시 따온 말이 들어있는 경우, 마음속으로 한 말을 적을 때 등에 쓴다.

묶음표	소괄호(( ))	– 원어, 연대, 주석, 설명 등을 넣을 때, 빈자리임을 나타낼 때 등에 쓴다.
	중괄호({ })	– 여러 단위를 동등하게 묶어서 보일 때 쓴다.
	대괄호([ ])	– 묶음표 안의 말이 바깥말과 음이 다를 때, 묶음표 안에 묶음표가 있을 때 등에 쓴다.
이음표	줄표(—)	– 문장 중간에 앞의 내용에 대해 부연하는 말리 끼어 들 때, 앞의 말을 정정 또는 변명하는 말이 이어질 때 등에 쓴다.
	붙임표(-)	– 사전, 논문 등에서 합성어를 나타낼 때, 접사나 어미임을 나타낼 때, 외래어와 고유어 또는 한자어가 결합할 때 등에 쓴다.
	물결표(~)	– 어떤 말의 앞이나 뒤에 들어갈 말 대신 쓴다.
(안)드러냄표	드러냄표(˙, ˚)	– 문장 내용 중에서 주의가 미쳐야 할 곳이나 중요한 부분을 특별히 드러내 보일 때 쓴다.
	숨김표 (××, ○○)	– 금기어나 공공연히 쓰기 어려움 비속어의 경우, 비밀을 유지할 사항의 경우에 쓴다.
	빠짐표(□)	– 옛 비문이나 서적 등에서 글자가 분명하지 않을 때, 글자가 들어가야 할 자리를 나타낼 때 쓴다.
	줄임표(……)	– 할 말을 줄였을 때, 말이 없음을 나타낼 때 쓴다.

제4부

외래어 표기 용례

A

A/a - 에이
aberration - 애버레이션
absolute music - 앱설루트
뮤직
acacia - 아카시아
academy - 아카데미
a cappella - 아 카펠라
accelerator - 액셀러레이터
accent - 악센트
access - 액세스
accessory - 액세서리
accordion - 아코디언
accumulator - 어큐뮬레이터
ace - 에이스
acetate - 아세테이트
acetone - 아세톤
acetylene - 아세틸렌
Achilles - 아킬레스
achromycin - 아크로마이신
acre - 에이커
Acropolis - 아크로폴리스
acrylamide - 아크릴아미드
actinium - 악티늄

action - 액션
active - 액티브
actuator - 액추에이터
adagio - 아다지오
adapter - 어댑터
ad balloon - 애드벌룬
ade - 에이드
adenine - 아데닌
adjuster - 어저스터
ad lib - 애드리브
adrenaline - 아드레날린
advantage - 어드밴티지
Aeolian harp - 에올리언 하프
aeration - 에어레이션
aerobic - 에어로빅
aerofoil - 에어로포일
aerosol - 에어로졸
Aesop - 이솝
Aeta - 아에타
aflatoxin - 아플라톡신
after service - 애프터서비스
agapē - 아가페
agency - 에이전시
agenda - 어젠다
aging - 에이징
agrément - 아그레망

Aida - 아이다

Ainu - 아이누

Aion - 아이온

air - 에어

air bag - 에어백

air band - 에어 밴드

air brake - 에어 브레이크

airbrush - 에어브러시

air conditioner - 에어컨디셔너

(→ 에어컨)

air dome - 에어돔

air filter - 에어 필터

airfoil - 에어포일

air show - 에어쇼

airspray - 에어스프레이

akela - 아켈라

akmeizm - 아크메이즘

al-Qaeda - 알카에다

alabaster - 앨러배스터

alanine - 알라닌

alarm - 알람

albatross - 앨버트로스

albino - 알비노

album - 앨범

albumin - 알부민

alclad - 알클래드

ALCOA - 알코아

alcohol - 알코올

alcohol lamp - 알코올램프

aldehyde - 알데히드

aldol - 알돌

Aleut - 알류트

alexin - 알렉신

algin - 알긴

algorithm - 알고리듬

alibi - 알리바이

alignment - 얼라인먼트

Alinamin - 알리나민

alite - 에일라이트

alkali - 알칼리

alkaloid - 알칼로이드

alkyl sulfate - 알킬설페이트

all-night - 올나이트

all-round - 올라운드

alla - 알라

allegory - 알레고리

allegro - 알레그로

alleluia - 알렐루야(= 할렐루야)

allemande - 알망드

Allergie - 알레르기

alligator - 앨리게이터

al loco - 알 로코

Allosaurus - 알로사우루스

almond - 아몬드

alocasia - 알로카시아

aloe - 알로에

Aloha oe - 알로하 오에

alpha(α) - 알파

alphabet - 알파벳

alpine - 알파인

Altai - 알타이

alto - 알토

altruism - 앨트루이즘

alumina - 알루미나

aluminium - 알루미늄

alumite - 알루마이트

amabile - 아마빌레

amalgam - 아말감

Amarna - 아마르나

amateur - 아마추어

amber - 앰버

amberlite - 앰벌라이트

ambulance - 앰뷸런스

amen - 아멘

American Indian - 아메리칸 인디언

amethyst - 애미시스트

amide - 아미드

Amiens - 아미앵

amine - 아민

aminobenzene - 아미노벤젠

aminoglycoside - 아미노글리코사이드

ammonia - 암모니아

ammonite - 암모나이트

ammonium - 암모늄

amoeba - 아메바

amore - 아모레

ampere - 암페어

amphora - 암포라

ampicillin - 암피실린

amplestyle - 앰플스타일

amplifier - 앰플리파이어(→ 앰프)

ampoule - 앰풀

Ampere - 암페어

amyloid - 아밀로이드

amylopectin - 아밀로펙틴

anachronism - 아나크로니즘

anaconda - 아나콘다

analgin - 아날긴

analog - 아날로그

analytic - 애널리틱

analyzer - 애널라이저

anarchism - 아나키즘

anarchist - 아나키스트
anatoxin - 아나톡신
anchor - 앵커
anchor ball - 앵커볼
anchor man - 앵커맨
Andalusian - 안달루시안
andante - 안단테
androgen - 안드로겐
android - 안드로이드
Andromeda - 안드로메다
anemone - 아네모네
Anergie - 아네르기
anethole - 아네톨
angel - 에인절
angelfish - 에인절피시
angle - 앵글
angle joint - 앵글 조인트
Anglo-Saxon - 앵글로색슨
angstrom - 옹스트롬
angular contact - 앵귤러
콘택트
aniline - 아닐린
animalism - 애니멀리즘
animation - 애니메이션
animator - 애니메이터
animism - 애니미즘

animus - 아니무스
Anisakis - 아니사키스
anise - 아니스
anisidine - 아니시딘
ankle boots - 앵클부츠
Ann - 앤
annealing - 어닐링
announcer - 아나운서
anoa - 아노아
anomie - 아노미
ANSI - 안시
Antar - 안타르
antenna - 안테나
anthem - 앤섬
anthocyan - 안토시안
anthology - 앤솔러지
anthracene - 안트라센
anti-roman - 앙티로망
antiauxin - 안티옥신
antichrist - 안티크리스트
anticorona - 안티코로나
anticreeper - 앤티크리퍼
antidumping - 앤티덤핑
antiknock - 앤티노크
Antimon - 안티몬
antique - 앤티크

Antithese - 안티테제
antitoxin - 안티톡신
antivitamin - 안티비타민
anvil - 앤빌
Apache - 아파치
apartheid - 아파르트헤이트
apatheia - 아파테이아
APEC - 에이펙
Aphanomyces - 아파노미세스
aphorism - 아포리즘
apin - 아핀
apiton - 아피통
aplite - 애플라이트
Apochromat - 아포크로마트
Apollon - 아폴론
apomorphine - 아포모르핀
aporia - 아포리아
apostrophe - 아포스트로피
apparel - 어패럴
appeal - 어필
appetizer - 애피타이저
apple fritter - 애플 프리터
apple pie - 애플파이
applet - 애플릿
application - 애플리케이션
approach - 어프로치

apron - 에이프런
aqualung - 애퀄렁
aquamarine - 아콰마린
aquatint - 애쿼틴트
aquilegia - 아퀼레지아
arabesque - 아라베스크
Arabian nights - 아라비안
나이트
Arbeit - 아르바이트
arboreum - 아르보레움
Arbos - 아르보스
arbovirus - 아르보바이러스
arc - 아크
arcade - 아케이드
arch - 아치
arche - 아르케
archetype - 아키타이프
architecture - 아키텍처
archon - 아르콘
arco - 아르코
are - 아르
area - 에어리어
arena - 아레나
arete - 아레테
arginine - 아르기닌
argon - 아르곤

aria - 아리아

Arie - 아리

arietta - 아리에타

arizonite - 애리조나이트

arkosite - 아르코사이트

arlecchino - 아를레키노

arm - 암

armadillo - 아르마딜로

armature - 아마추어

Armco - 암코

armguard - 암가드

armhole - 암홀

arming hole - 아밍 홀

armor rod - 아머 로드

aromatic - 애로매틱

arowana - 아로와나

arpeggio - 아르페지오

arquerite - 아케라이트

array - 어레이

articulator - 아티큘레이터

art nouveau - 아르 누보

artotype - 아토타이프

art rock - 아트 록

Arya - 아리아

ASAT - 에이샛

asbestos - 아스베스토스

ascon - 아스콘

ASEAN - 아세안

ASEM - 아셈

ash hopper - 애시 호퍼

ASPAC - 아스팍

B

B/b - 비

Babel - 바벨

Babism - 바비즘

baby boom - 베이비 붐

Babylon - 바빌론

baby oil - 베이비오일

baby powder - 베이비파우더

bacillus - 바실루스

back - 백

back-light - 백라이트

back-sight - 백사이트

back-space key - 백스페이스키

back-up file - 백업 파일

Backal - 바칼

backboard - 백보드

back boundary line - 백 바운
더리 라인
backcourt - 백코트
back drop - 백 드롭
backet - 배킷
backfire - 백파이어
back gear - 백 기어
background - 백그라운드
backhand - 백핸드
backlash - 백래시
back mirror - 백미러
back number - 백넘버
back pass - 백 패스
backup - 백업
bacon - 베이컨
bacteria - 박테리아
bacteriophage - 박테리오파지
badge - 배지
badminton - 배드민턴
baffle - 배플
bag - 백
bagasse - 버개스
baggy pants - 배기팬츠
bagpipe - 백파이프
baguette - 바게트
Bahaism - 바하이즘

baht - 바트
bail - 베일
bainite - 베이나이트
bakelite - 베이클라이트
baking powder - 베이킹파우더
balance - 밸런스
balazone - 발라존
balboa - 발보아
balcony - 발코니
bale - 베일
balk - 보크
ball - 볼
ballad - 발라드
ballast - 밸러스트
ball bearing - 볼 베어링
ballerina - 발레리나
ballet - 발레
ballistic - 벌리스틱
ball mill - 볼밀
ballo - 발로
ball pen - 볼펜
balsam - 발삼
Bāmiān - 바미안
banadinite - 바나디나이트
banana - 바나나
band - 밴드

bandage - 밴디지

band cuffs - 밴드 커프스

bangarô - 방가로

banjo - 밴조

bank - 뱅크

bantam - 밴텀

bar - 바

bar-girl - 바걸

baraque - 바라크

barbarism - 바버리즘

barbecue - 바비큐

barbell - 바벨

barberry - 바베리

barbital - 바르비탈

barcarola - 바르카롤라

bar code - 바코드

bar folder - 바 폴더

bargain sale - 바겐세일

barge - 바지

bariquant - 바리캉

barite - 바라이트

baritone - 바리톤

barium - 바륨

barn - 반

barometer - 바로미터

baroque - 바로크

baroswitch - 바로스위치

barrel - 배럴

barricade - 바리케이드

bartender - 바텐더

barter - 바터

bartlett - 바틀릿

base - 베이스

baseball - 베이스볼

base camp - 베이스캠프

BASIC - 베이식

basil - 바질

basilica - 바실리카

basilisk - 바실리스크

basket - 바스켓

Basque - 바스크

bass - 배스

bassoon - 바순

bat - 배트

batch - 배치

batching plant - 배칭 플랜트

bath - 배스

bathyscaphe - 바티스카프

batiste - 바티스트

baton - 배턴

battery - 배터리

batting - 배팅

battle jacket - 배틀재킷

baud - 보

Bauhaus - 바우하우스

baumé - 보메

bauxite - 보크사이트

bayerite - 베이어라이트

bayonet - 베이어닛

bazar - 바자

bazooka - 바주카

bdellium - 브델륨

beach parasol - 비치파라솔

beacon - 비컨

bead - 비드

beading - 비딩

beadle - 비들

beagle - 비글

beaker - 비커

beam - 빔

bean ball - 빈 볼

beard - 비어드

bearing - 베어링

beat - 비트

beauty - 뷰티

beaver - 비버

bebop - 비밥

becket - 베킷

beclomethasone - 베클로메타손

bed - 베드

bedplate - 베드플레이트

bed scene - 베드 신

bed town - 베드타운

beef - 비프

beef cutlet - 비프커틀릿

beefsteak - 비프스테이크

beef stew - 비프스튜

beer - 비어

beet - 비트

begaton - 베가톤

begonia - 베고니아

beguine - 비긴

beige - 베이지

bell - 벨

bellows - 벨로스

belly dance - 벨리 댄스

belt - 벨트

beltline - 벨트라인

ben - 벤

bench - 벤치

bench-mark - 벤치마크

bench-marking - 벤치마킹

bend - 벤드

bending - 벤딩

beneficium - 베네피키움

bengala - 벵갈라

bent - 벤트

benthos - 벤토스

bentonite - 벤토나이트

benzaldehyde - 벤조알데히드

benzene - 벤젠

benzoate - 벤조에이트

benzoyl - 벤조일

bergamotte - 베르가모트

berkelium - 버클륨

Bermuda pants - 버뮤다팬츠

berth - 버스

beryllium - 베릴륨

best - 베스트

best seller - 베스트셀러

beta(β) - 베타

betamethasone - 베타메타손

beta tester - 베타테스터

betta - 베타

bevel - 베벨

beylisme - 벨리슴

bharal - 바랄

bi-metal - 바이메탈

biacetyl - 비아세틸

bias - 바이어스

biathlon - 바이애슬론

bible - 바이블

bicillinum - 비실린

bicology - 바이콜로지

bidet - 비데

Biela - 비엘라

biennale - 비엔날레

bifidus - 비피두스

big bang - 빅뱅

big game - 빅게임

bighorn - 빅혼

big news - 빅뉴스

bikini - 비키니

bilge - 빌지

billboard - 빌보드

billet - 빌릿

bimetal - 바이메탈

bind - 바인드

binder - 바인더

bingo - 빙고

binnacle - 비너클

bioautography - 바이오오토
그래피

biochip - 바이오칩

biofarm - 바이오팜

biofeedback - 바이오피드백

biology - 바이올로지

biomechanics - 바이오메카닉스

biometry - 바이오메트리

bionics - 바이오닉스

biopak - 바이오팩

bioreactor - 바이오리액터

biorhythm - 바이오리듬

bios - 비오스

biosensor - 바이오센서

biotechnology - 바이오테크
놀로지

biotin - 비오틴

birdie - 버디

bird's eye - 버즈아이

birr - 비르

biscuit - 비스킷

bishop - 비숍

bismuth - 비스무트

bit - 비트

bite - 바이트

bitmap - 비트맵

black - 블랙

black box - 블랙박스

black coffee - 블랙커피

black comedy - 블랙 코미디

black hole - 블랙홀

blacklist - 블랙리스트

black market - 블랙마켓

Black Power - 블랙 파워

blade - 블레이드

blake - 블레이크

blanching - 블랜칭

blank - 블랭크

Blanquisme - 블랑키슴

blast - 블라스트

blazer - 블레이저

bleed - 블리드

blend - 블렌드

blind - 블라인드

blizzard - 블리자드

block - 블록

blockbuster - 블록버스터

blocker - 블로커

blond - 블론드

bloodstone - 블러드스톤

bloom - 블룸

bloomer - 블루머

blotch - 블로치

blouse - 블라우스

blow - 블로

blow-by - 블로바이

blower - 블로어

blue - 블루
blue-collar - 블루칼라
blue-denim - 블루데님
blue belt - 블루벨트
blue chip - 블루칩
bluegill - 블루길
blue jeans - 블루진
blues - 블루스
boa - 보아
board - 보드
boat - 보트
bobsleigh - 봅슬레이
bode - 보드
body - 보디
bodyguard - 보디가드
body language - 보디랭귀지
body painting - 보디 페인팅
bogey - 보기
Bohemian - 보헤미안
boiled - 보일드
boiler - 보일러
bold - 볼드
bolero - 볼레로
bolometer - 볼로미터
Bolshevism - 볼셰비즘
bolster - 볼스터

bolt - 볼트
Bol'sheviki - 볼셰비키
Bol'shoi - 볼쇼이
bombarde - 봉바르드
Bombe - 봄베
bond - 본드
bonellia - 보넬리아
bonnet - 보닛
bonus - 보너스
booby - 부비
boogie - 부기
book end - 북엔드
book match - 북 매치
boom - 붐
boomerang - 부메랑
booster - 부스터
bootee - 부티
booting - 부팅
boots - 부츠
bootstrap - 부트스트랩
bop - 밥
bore - 보어
boring - 보링
bortz - 보츠
borzoi - 보르조이
bosh - 보시

필요할 때 찾아보는 **교정·교열 안내서**

boss - 보스

bossa nova - 보사노바

bottleneck - 보틀넥

bottom - 보텀

botulinum - 보툴리눔

bounce - 바운스

boundary - 바운더리

bouquet - 부케

bourbon - 버번

bourgeois - 부르주아

bourgeoisie - 부르주아지

bovarysme - 보바리슴

bow - 보

bowing - 보잉

bowl - 볼

bowling - 볼링

bowsing gear - 바우싱 기어

bowstring - 보스트링

bow tie - 보타이

box - 박스

boycott - 보이콧

Boy Scouts - 보이 스카우트

bra - 브라

brace - 브레이스

brachiation - 브래키에이션

brachiosaurus - 브라키오사우

루스

bracket - 브래킷

Brahman - 브라만

braid - 브레이드

brain - 브레인

brainstorming - 브레인스토밍

brake - 브레이크

brakeshoe - 브레이크슈

branch - 브랜치

brand - 브랜드

brandy - 브랜디

brassiere - 브래지어

bravo - 브라보

bread - 브레드

break dancing - 브레이크댄싱

breakdown - 브레이크다운

breast - 브레스트

breather valve - 브리더 밸브

breeder - 브리더

briar - 브라이어

brick - 브릭

bridge - 브리지

Bridge Loan - 브리지 론

briefing - 브리핑

briefs - 브리프

brilliant - 브릴리언트

brine - 브라인
brine shrimp - 브라인슈림프
Britannica - 브리태니커
British style - 브리티시스타일
brix - 브릭스
broach - 브로치
brocade - 브로케이드

C

C/c - 시
cabaletta - 카발레타
cabaret - 카바레
cabbage - 캐비지
cabinet - 캐비닛
cable car - 케이블카
cache - 캐시
CAD - 캐드
caddie - 캐디
Cadillac - 캐딜락
cadmium - 카드뮴
cafeteria - 카페테리아
caffeine - 카페인
café - 카페

cage - 케이지
cahnite - 카나이트
cake - 케이크
calcitonin - 칼시토닌
calcium - 칼슘
caldera - 칼데라
calendar - 캘린더
calibrator - 캘리브레이터
calidonite - 칼리도나이트
calipers - 캘리퍼스
caliph - 칼리프
call - 콜
called game - 콜드 게임
call girl - 콜걸
callipers - 캘리퍼스
call loan - 콜론
call money - 콜머니
call taxi - 콜택시
calorie - 칼로리
calpis - 칼피스
Calvinisme - 칼뱅이슴
calypso - 칼립소
CAM - 캠
camber - 캠버
Cambridge - 케임브리지
camel - 캐멀

cameo - 카메오

cameraman - 카메라맨

camp - 캠프

campaign - 캠페인

campfire - 캠프파이어

campine - 캠핀

camping car - 캠핑카

campus - 캠퍼스

can - 캔

Canaan - 가나안

canapé - 카나페

canaria - 카나리아

canarin - 카나린

candela - 칸델라

candida - 칸디다

candle - 캔들

candy - 캔디

canoe - 카누

canopy - 캐노피

cant - 캔트

cantabile - 칸타빌레

canvas - 캔버스

canyon - 캐니언

canzone - 칸초네

cap - 캡

capacitance - 커패시턴스

cape - 케이프

capeline - 캐플린

capo - 카포

cappella - 카펠라

capping - 캐핑

capreomycin - 카프레오마이신

capriccio - 카프리치오

caprice - 카프리스

capsid - 캡시드

capstan - 캡스턴

capsule - 캡슐

caption - 캡션

capture - 캡처

caramel - 캐러멜

carat - 캐럿

caravane - 카라반

caraway - 캐러웨이

carbide - 카바이드

carbine - 카빈

carbinol - 카르비놀

carbon - 카본

carbonite - 카보나이트

carburetor - 카뷰레터

car center - 카센터

card - 카드

career - 커리어

car ferry - 카페리
cargo - 카고
caricature - 캐리커처
Carmen - 카르멘
carmine - 카민
carnation - 카네이션
carnival - 카니발
carol - 캐럴
carotenoid - 카로티노이드
carotin - 카로틴
car parade - 카퍼레이드
carpet - 카펫
car phone - 카폰
car pool - 카풀
carriage - 캐리지
carrier - 캐리어
carrolite - 캐롤라이트
carrot - 캐럿
cart - 카트
cartel - 카르텔
cartoon - 카툰
cartridge - 카트리지
case - 케이스
casein - 카세인
cash flow - 캐시 플로
cashmere - 캐시미어

casing - 케이싱
casino - 카지노
cassette - 카세트
Cassiopeia - 카시오페이아
cast - 캐스트
castable - 캐스터블
castanets - 캐스터네츠
castella - 카스텔라
caster - 캐스터
casting vote - 캐스팅 보트
casual - 캐주얼
casual wear - 캐주얼웨어
cat - 캣
catacomb - 카타콤
catalog - 카탈로그
catch - 캐치
catcher - 캐처
catchphrase - 캐치프레이즈
category - 카테고리
caterpillar - 캐터필러
catharsis - 카타르시스
cathode - 캐소드
Catholic - 가톨릭
caulking - 코킹
cavalier - 카발리에
caviar - 캐비아

ceiling - 실링

celery - 셀러리

cell - 셀

cellist - 첼리스트

cello - 첼로

cellobiose - 셀로비오스

cellophane - 셀로판

cellular - 셀룰러

cembalo - 쳄발로

cement - 시멘트

cementation - 시멘테이션

census - 센서스

cent - 센트

center - 센터

centigram - 센티그램

centiliter - 센티리터

cento - 첸토

cephalus - 세팔루스

ceramics - 세라믹

Ceratium - 세라튬

cereal - 시리얼

cerium - 세륨

cermet - 서멧

cesium - 세슘

cetane - 세탄

chain - 체인

chair lift - 체어리프트

chalk - 초크

challenger - 챌린저

chamber - 체임버

chameleon - 카멜레온

chamois - 섀미

chamotte - 샤모트

champagne - 샴페인

champion - 챔피언

chance - 찬스

chandelier - 샹들리에

change - 체인지

change-up - 체인지업

channel - 채널

chanson - 샹송

chant - 찬트

chaos - 카오스

chapeau - 샤포

chapel - 채플

character - 캐릭터

charge - 차지

charisma - 카리스마

chart - 차트

Chartism - 차티즘

chase - 체이스

chassis - 섀시

chatting - 채팅

chauvinism - 쇼비니즘

check - 체크

check-in - 체크인

check-out - 체크아웃

check list - 체크 리스트

cheer girl - 치어걸

cheese - 치즈

cheetah - 치타

chemical - 케미컬

chemise - 슈미즈

cherry - 체리

chess - 체스

chesterfield - 체스터필드

chewing gum - 추잉 검

chicken - 치킨

chicle - 치클

chicory - 치커리

Chihuahua - 치와와

chili - 칠리

chili sauce - 칠리소스

chilled - 칠드

Chilodonella - 킬로도넬라

chime - 차임

chime bell - 차임벨

chimpanzee - 침팬지

Chinatown - 차이나타운

chinchilla - 친칠라

Chinook - 치누크

chip - 칩

chipboard - 칩보드

chipping - 치핑

chip shot - 칩 샷

chlamydia - 클라미디아

chlorella - 클로렐라

chlorination - 클로리네이션

chlorodyne - 클로로다인

chloronaphthalene - 클로로
나프탈렌

chock - 촉

chocolate - 초콜릿

choke - 초크

cholera - 콜레라

cholesterol - 콜레스테롤

choline - 콜린

chondrite - 콘드라이트

chop - 촙

chopper - 초퍼

chorale - 코랄

chorus - 코러스

Christian - 크리스천

Christmas - 크리스마스

chrom - 크롬
chroma-key - 크로마키
chromatic - 크로매틱
chromatogram - 크로마토그램
chronoscope - 크로노스코프
chuck - 척
chunk - 청크
chymosin - 키모신
chymotrypsin - 키모트립신
cider - 사이다
cigar - 시가
cimentation - 시멘테이션
Cinderella - 신데렐라
cinecamera - 시네카메라
circle - 서클
circuit - 서킷
circular - 서큘러
circus - 서커스
citrinin - 시트리닌
citron - 시트론
cladding - 클래딩
claim - 클레임
clamp - 클램프
clap - 클랩
clapperboard - 클래퍼보드
clarinet - 클라리넷

class - 클래스
classic - 클래식
clat - 클랫
clay - 클레이
cleaner - 클리너
cleaning - 클리닝
cleansing - 클렌징
cleanup - 클린업
clear - 클리어
clearance - 클리어런스
cleat - 클리트
cleek - 클리크
clevis - 클레비스
click - 클릭
client - 클라이언트
climax - 클라이맥스
clinch - 클린치
clinic - 클리닉
clip - 클립
clipart - 클립아트
clipboard - 클립보드
clipper - 클리퍼
clitoris - 클리토리스
clock - 클록
clone - 클론
close-up - 클로즈업

closed mortgage - 클로즈드
모기지

Clostridium - 클로스트리듐

cloth - 클로스

clover - 클로버

club - 클럽

cluster - 클러스터

clutch - 클러치

CMOS - 시모스

coach - 코치

coak - 코크

coal tar - 콜타르

coaming - 코밍

coast - 코스트

coat - 코트

coating - 코팅

cobalt - 코발트

COBOL - 코볼

cobra - 코브라

cocaine - 코카인

coccidium - 콕시듐

cocductor pipe - 컨덕터 파이프

cocentration - 콘센트레이션

cochin - 코친

cock - 콕

cocking - 코킹

cocktail - 칵테일

cocoa - 코코아

coconut - 코코넛

coctrol shaft - 컨트롤 샤프트

code - 코드

coding - 코딩

coffee - 커피

coffeepot - 커피포트

coffee set - 커피세트

coffee shop - 커피숍

cofferdam - 코퍼댐

coffin - 코핀

cognac - 코냑

coil - 코일

cokes - 코크스

coking - 코킹

cola - 콜라

Colbertisme - 콜베르티슴

cold-press - 콜드프레스

cold chain - 콜드 체인

cold cream - 콜드크림

colicin - 콜리신

collage - 콜라주

collagen - 콜라겐

collar - 칼라

collection - 컬렉션

collector - 컬렉터

college - 칼리지

collie - 콜리

colloid - 콜로이드

colon - 콜론

Colonia - 콜로니아

color - 컬러

colorful - 컬러풀

colorist - 컬러리스트

color rinse - 컬러린스

Colosseum - 콜로세움

columbite - 컬럼바이트

column - 칼럼

columnist - 칼럼니스트

coma - 코마

combination - 콤비네이션

combine - 콤바인

combiner - 컴바이너

combing - 코밍

comeback - 컴백

COMECON - 코메콘

comedy - 코미디

Comex - 코멕스

comfrey - 컴프리

comic - 코믹

Cominform - 코민포름

Comintern - 코민테른

comma - 콤마

command - 커맨드

comment - 코멘트

commission - 커미션

commissioner - 커미셔너

common - 코먼

communalism - 커뮤널리즘

communication - 커뮤니케이션

community - 커뮤니티

compact - 콤팩트

compact disk - 콤팩트디스크

comparator - 콤퍼레이터

compass - 컴퍼스

compile - 컴파일

compiler - 컴파일러

complex - 콤플렉스

component - 컴포넌트

composition - 콤퍼지션

compound - 콤파운드

compressor - 컴프레서

computer - 컴퓨터

computopia - 컴퓨토피아

comune - 코무네

con - 콘

concert - 콘서트

concert hall - 콘서트홀

concerto - 콘체르토

concise - 콘사이스

Conclave - 콘클라베

concours - 콩쿠르

concrete - 콘크리트

condenser - 콘덴서

condition - 컨디션

conditioner - 컨디셔너

condom - 콘돔

condominium - 콘도미니엄

conductance - 컨덕턴스

conductor - 컨덕터

cone - 콘

conference - 콘퍼런스

connector - 커넥터

consent - 콘센트

console - 콘솔

consommé - 콩소메

consortium - 컨소시엄

constantan - 콘스탄탄

consul - 콘술

consultant - 컨설턴트

contact - 콘택트

contact lens - 콘택트렌즈

container - 컨테이너

conte - 콩트

contents - 콘텐츠

contest - 콘테스트

contrabass - 콘트라베이스

contrast - 콘트라스트

control - 컨트롤

conté - 콩테

conventional - 컨벤셔널

convergence - 컨버전스

converter - 컨버터

conveyor - 컨베이어

cook - 쿡

cookie - 쿠키

cooking foil - 쿠킹 포일

cooler - 쿨러

coordination - 코디네이션(→ 코디)

coordinator - 코디네이터

copal - 코펄

cope - 코프

copperhead - 코퍼헤드

copra - 코프라

copula - 코퓰러

copy - 카피

copywriter - 카피라이터

cord - 코드

cording - 코딩

core - 코어
cork - 코르크
corn - 콘
corn chip - 콘칩
corner - 코너
corner kick - 코너킥
cornet - 코넷
cornflakes - 콘플레이크
corn flour - 콘플라워
corn syrup - 콘 시럽
corona - 코로나
coronagraph - 코로나그래프
correction - 커렉션
corsage - 코르사주
corset - 코르셋
cosine - 코사인
cosmopolitan - 코즈모폴리턴
cosmos - 코스모스
cost - 코스트
cotangent - 코탄젠트
cottage - 코티지
counselor - 카운슬러
count - 카운트
countdown - 카운트다운
counterblow - 카운터블로
counterpunch - 카운터펀치

countess - 카운티스
country club - 컨트리클럽
couple - 커플
coupler - 커플러
coupon - 쿠폰
coupé - 쿠페
course - 코스
court - 코트
cover - 커버
cover story - 커버스토리
cowboy - 카우보이
cowl - 카울
cox - 콕스
coyote - 코요테
crabbing - 크래빙
crack - 크랙
cracker - 크래커
cracking - 크래킹
craft - 크라프트
cramp - 크램프
crane - 크레인
crank - 크랭크
crankcase - 크랭크케이스
crankpin - 크랭크핀
crankshaft - 크랭크샤프트
crape - 크레이프

crash - 크래시
crater - 크레이터
crawl - 크롤
crayon - 크레용
crazing - 크레이징
cream - 크림
cream soup - 크림수프
creator - 크리에이터
credit card - 크레디트 카드
creel - 크릴
creep - 크리프
crepe - 크레이프
crescendo - 크레셴도
crick - 크릭
cricket - 크리켓
crimp - 크림프
crisis - 크라이시스
Cro-Magnon - 크로마뇽
crochet - 크로셰
crocodile - 크로커다일
crocus - 크로커스
croissant - 크루아상
croquet - 크로케
croquette - 크로켓
cross - 크로스
cross-country - 크로스컨트리

crossbar - 크로스바
crossover - 크로스오버
crown - 크라운
crowning - 크라우닝
cruise - 크루즈
crumble - 크럼블
crush - 크러시
crust - 크러스트
crutch - 크러치
crystal - 크리스털
cube - 큐브
cubism - 큐비즘
cubit - 큐빗
cue - 큐
cuffs - 커프스
cunnilingus - 쿤닐링구스
cunning - 커닝
Cuore - 쿠오레
cup - 컵
cupcake - 컵케이크
cupola - 큐폴라
curb - 커브
curd - 커드
curite - 큐라이트
curium - 퀴륨
curl - 컬

curler - 컬러
curling - 컬링
curriculum - 커리큘럼
curried rice - 카레라이스
curry - 카레
cursor - 커서
curtain - 커튼
curtain call - 커튼콜
curtain wall - 커튼 월
curtis - 커티스
curve - 커브
cushion - 쿠션
custard - 커스터드
cut - 컷
cuticle - 큐티클
cutlet - 커틀릿
cut line - 커트라인
cutoff - 컷오프
cutout - 컷아웃
cutter - 커터
cutterhead - 커터헤드
cutting wheel - 커팅 휠
cyan - 시안

D

D/d - 디
Dacron - 데이크론
dadaism - 다다이즘
daemōn - 다이몬
dahlia - 달리아
daily spread - 데일리스프레드
daimonion - 다이모니온
daisy - 데이지
dakhma - 다흐마
Dakota - 다코타
Dalai Lama - 달라이 라마
Dalmatian - 달마티안
dam - 댐
damask - 다마스크
dammar - 다마르
damper - 댐퍼
dance - 댄스
dance hall - 댄스홀
dance party - 댄스파티
dancer - 댄서
dandyism - 댄디즘
Dane - 데인
danza - 단차

daonella - 다오넬라

da prima - 다 프리마

darbucca - 다르부카

dark horse - 다크호스

Darwinism - 다위니즘

Dasein - 다자인

dash - 대시

data - 데이터

data bank - 데이터 뱅크

data base - 데이터베이스

data file - 데이터 파일

date - 데이트

dead ball - 데드 볼

deadeye - 데드아이

deadline - 데드라인

dealer - 딜러

death mask - 데스마스크

debug - 디버그

debugging - 디버깅

début - 데뷔

Debye - 디바이

deca - 데카

décadence - 데카당스

décalcomanie - 데칼코마니

Decalin - 데칼린

decalogue - 데칼로그

Decameron - 데카메론

decamethonium - 데카메토니움

decane - 데칸

decare - 데카르

deci - 데시

decibel - 데시벨

decigram - 데시그램

deciso - 데치소

deck - 덱

declamation - 데클러메이션

decode - 디코드

decoration - 데커레이션

decrescendo - 데크레셴도

dedendum - 디덴덤

deep - 디프

default - 디폴트

DEFCON - 데프콘

defence - 디펜스

deficiendo - 데피치엔도

deflate - 디플레이트

deflation - 디플레이션

déformation - 데포르마시옹

déformer - 데포르메

dégagement - 데가주망

degree day - 디그리데이

dekabrist - 데카브리스트

delaware - 델라웨어
delay - 딜레이
delicato - 델리카토
Delicious - 딜리셔스
delivery order - 딜리버리 오더
delphinine - 델피닌
delta(δ) - 델타
demagogism - 데마고기즘
Demian - 데미안
Deminform - 데민포름
demo - 데모
democracy - 데모크라시
demotic - 데모틱
demultiplexer - 디멀티플렉서
denarius - 데나리온
dendrobium - 덴드로븀
Deneb - 데네브
Denebola - 데네볼라
dengue - 뎅기
denier - 데니어
denim - 데님
denomination - 디노미네이션
densitometer - 덴시토미터
department store - 디파트먼트
스토어
depression - 디프레션

Depsid - 데프지트
Derby tie - 더비타이
derrick - 데릭
derris - 데리스
descant - 데스캔트
desiccator - 데시케이터
design - 디자인
designer - 디자이너
desk - 데스크
desktop - 데스크톱
desmoceras - 데스모케라스
desmopressin - 데스모프레신
desmosome - 데스모솜
dessert - 데세르
dessert - 디저트
dessin - 데생
detail - 디테일
detector - 디텍터
détente - 데탕트
detonation - 데토네이션
deuce - 듀스
deuterium - 듀테륨
deuteron - 듀테론
Deutsch - 도이치
device - 디바이스
devitroceramics - 데비트로세

라믹스

dewberry - 듀베리

DEWKS - 듀크스

dexamethasone - 덱사메타손

dextrin - 덱스트린

dhole - 돌

diabolo - 디아볼로

diadochoi - 디아도코이

diagram - 다이어그램

dial - 다이얼

dialogue - 다이얼로그

dialysis - 다이알리시스

Diamant - 디아망

diamine - 디아민

diamond - 다이아몬드

diamylamine - 디아밀아민

diaphragm - 다이어프램

diary - 다이어리

Diaspora - 디아스포라

diastem - 다이어스템

Diathermie - 디아테르미

diatonic - 다이어토닉

diazepam - 디아제팜

diazine - 다이아진

diazole - 디아졸

diazomethane - 디아조메탄

diazonium - 디아조늄

Dibenaminum - 디베나민

diborane - 디보란

dibucaine - 디부카인

Dicainum - 디카인

dice - 다이스

dickey - 디키

dictator - 딕타토르

dictyonema - 딕티오네마

dictyophyllum - 딕티오필룸

dicumarol - 디쿠마롤

Dicyan - 디시안

didymium - 디디뮴

die - 다이

dieldrin - 디엘드린

diesel - 디젤

diestock - 다이스톡

diet - 다이어트

differential - 디퍼렌셜

diffuser - 디퓨저

digital - 디지털

digitizer - 디지타이저

diketone - 디케톤

dilatancy - 다일레이턴시

dilemma - 딜레마

dilettante - 딜레탕트

dilettantisme - 딜레탕티슴
diltiazem - 딜티아젬
dime - 다임
dimenhydrinate - 디멘히드리
네이트
dimercaprol - 디메르카프롤
dimethylamine - 디메틸아민
dimetrodon - 디메트로돈
diminuendo - 디미누엔도
diminution - 디미뉴션
dimmer - 디머
Dimorpholaminum - 디모르
폴라민
dimorphotheca - 디모르포테카
dimple - 딤플
dinar - 디나르
dinghy - 딩기
dingo - 딩고
Dinka - 딩카
dinner - 디너
dinner show - 디너쇼
dinosaur - 디노사우르
diode - 다이오드
Dioninum - 디오닌
Dionysos - 디오니소스
diopter - 디옵터

diorama - 디오라마
diose - 디오스
dioxine - 다이옥신
dip - 딥
diphosgene - 디포스겐
diphtheria - 디프테리아
diplexer - 다이플렉서
diplodinium - 디플로디늄
dipole - 다이폴
dipper - 디퍼
direct marketing - 디렉트 마케팅
directory - 디렉터리
direct spike - 다이렉트
스파이크
dirt course - 더트 코스
dirt trap - 더트 트랩
dirty ballast - 더티 밸러스트
disclosure - 디스클로저
disco - 디스코
discocyclina - 디스코키클리나
discography - 디스코그래피
discotheque - 디스코텍
discount - 디스카운트
discus - 디스커스
dish - 디시
disinflation - 디스인플레이션

disk - 디스크
diskette - 디스켓
Diskobolos - 디스코볼로스
Disneyland - 디즈니랜드
dispatcher - 디스패처
disperse - 디스퍼스
displacer - 디스플레이서
display - 디스플레이
dissolve - 디졸브
distemper - 디스템퍼
distoma - 디스토마
distributor - 디스트리뷰터
dithizone - 디티존
dithyramb - 디시램브
dithyrambos - 디티람보스
Diuretin - 디우레틴
Divagations - 디바가시옹
diver - 다이버
divertimento - 디베르티멘토
divide - 디바이드
diving - 다이빙
divisi - 디비시
division - 디비전
Dixie - 딕시
Dixiecrat - 딕시크랫
Dixieland jazz - 딕시랜드 재즈

dobby - 도비
Dobermann - 도베르만
dobutamine - 도부타민
dock - 독
docking - 도킹
doctrine - 독트린
docudrama - 다큐드라마
document - 도큐먼트
documentary - 다큐멘터리
Dodekaphonie - 도데카포니
dodge - 도지
doek - 도크
doeskin - 도스킨
doffing - 도핑
dog - 도그
dogma - 도그마
Dohran - 도란
Dolby system - 돌비 시스템
dolce - 돌체
dolcissimo - 돌치시모
Doline - 돌리네
dollar - 달러
dolomite - 돌로마이트
doloroso - 돌로로소
dolostone - 돌로스톤
dolphin - 돌핀

domain - 도메인

dome - 돔

dominant - 도미넌트

Dominatus - 도미나투스

domino - 도미노

domperidone - 돔페리돈

domra - 돔라

dong - 동

donor - 도너

Don Quixote - 돈키호테

door - 도어

doorman - 도어맨

dope - 도프

doping - 도핑

Doria - 도리아

Dorking - 도킹

DOS - 도스

dosimeter - 도시미터

dot - 도트

dot map - 도트맵

double - 더블

doubleheader - 더블헤더

double play - 더블 플레이

doublet - 더블릿

doughnut - 도넛

dow - 다우

Dow-Jones - 다우존스

dowel - 다월

dowex - 도엑스

download - 다운로드

downtown - 다운타운

doxa - 독사

doxology - 독솔로지

doxorubicin - 독소루비신

doxycycline - 독시사이클린

doyle - 도일

dozer - 도저

dracaena - 드라세나

drachma - 드라크마

Dracula - 드라큘라

draft - 드래프트

drag - 드래그

dragline - 드래그라인

dragon - 드래건

drain - 드레인

drama - 드라마

Dramaturgie - 드라마투르기

drape - 드레이프

Dravida - 드라비다

draw - 드로

drawing - 드로잉

dredge - 드레지

drencher - 드렌처

dress - 드레스

dressing - 드레싱

dress shirts - 드레스 셔츠

dribble - 드리블

drier - 드라이어

drift - 드리프트

drill - 드릴

drink - 드링크

drip - 드립

drive - 드라이브

drop - 드롭

drop shot - 드롭 샷

dropsonde - 드롭존데

drum - 드럼

Druze - 드루즈

dry - 드라이

dry cleaning - 드라이클리닝

dry flower - 드라이플라워

dry gin - 드라이진

dry ice - 드라이아이스

dual - 듀얼

duct - 덕트

duet - 듀엣

duff - 더프

duffle coat - 더플코트

dugong - 듀공

dugout - 더그아웃

dulcin - 둘신

dull - 덜

duma - 두마

dumbwaiter - 덤웨이터

dumka - 둠카

dummy - 더미

dump - 덤프

dump car - 덤프카

dumping - 덤핑

dump truck - 덤프트럭

dunyā - 둔야

duo - 듀오

Du Pont - 듀폰

durable press - 듀어러블 프레스

duralumin - 두랄루민

durum - 듀럼

dust - 더스트

Dutch pay - 더치페이

Dvāravati - 드바라바티

dwell - 드웰

dyad - 다이애드

dynamic - 다이내믹

dynamis - 디나미스

E

E/e - 이
eagle - 이글
earmark - 이어마크
earphone - 이어폰
earth - 어스
easel - 이젤
ebonite - 에보나이트
ecdysone - 엑디손
ecgonine - 엑고닌
echelon - 에셜론
echinomycin - 에키노마이신
echinopluteus - 에키노플루테우스
Echinorhynchus - 에키노린쿠스
echo - 에코
eclogite - 에클로자이트
economizer - 이코노마이저
ecru - 에크루
ecstasy - 엑스터시
ectogony - 엑토고니
ectoplasm - 엑토플라즘
Ecumenism - 에큐메니즘
ecumenopolis - 에큐메노폴리스

Edda - 에다
Edelweiss - 에델바이스
edge - 에지
editor - 에디터
effect - 이펙트
egg - 에그
eggbeater - 에그비터
ego - 에고
egoism - 에고이즘
Eidograph - 아이도그라프
eidos - 에이도스
eight - 에이트
ejector - 이젝터
El Dorado - 엘도라도
el Niño - 엘니뇨
elastic - 일래스틱
elastin - 엘라스틴
elastomer - 엘라스토머
elbow - 엘보
Electone - 엘렉톤
electroceramics - 일렉트로세라믹스
electrometer - 일렉트로미터
electron - 일렉트론
electronics - 일렉트로닉스
elegante - 엘레간테

elegiaco - 엘레자코

element - 엘리먼트

elevator - 엘리베이터

eliminator - 일리미네이터

elk - 엘크

elongated start - 일롱게이티드 스타트

Elysium - 엘리시움

e-mail - 이메일

emanation - 에머네이션

emblem - 엠블럼

embossing - 엠보싱

emerald - 에메랄드

emery paper - 에머리페이퍼

EMI - 에미

emitter - 이미터

emotionalism - 이모셔널리즘

empire - 엠파이어

emulation - 에뮬레이션

emulsion - 에멀션

enamel - 에나멜

enclosure - 인클로저

encoder - 인코더

encore - 앙코르

end line - 엔드 라인

end mill - 엔드밀

endless - 엔드리스

endorphine - 엔도르핀

energeia - 에네르게이아

energy - 에너지

engagement - 앙가주망

engine - 엔진

engineer - 엔지니어

enjambement - 앙장브망

enquête - 앙케트

ensemble - 앙상블

ensilage - 엔실리지

entasis - 엔타시스

entelecheia - 엔텔레케이아

enthalpy - 엔탈피

entomonotis - 엔토모노티스

entrance - 엔트런스

entrechat - 앙트르샤

entropy - 엔트로피

entry - 엔트리

eohippus - 에오히푸스

EOKA - 에오카

Eolith - 이올리스

eon - 이언

eosin - 에오신

ephedrine - 에페드린

ephyra - 에피라

Epicouros - 에피쿠로스
epilogue - 에필로그
episode - 에피소드
epithet - 에피셋
epochē - 에포케
epoxy - 에폭시
equalizer - 이퀄라이저
equites - 에퀴테스
equity - 에퀴티
erbium - 에르븀
erg - 에르그
ergometer - 에르고미터
ergot - 에르고트
ergotamine - 에르고타민
erica - 에리카
Eridanus - 에리다누스
erikite - 에리카이트
Erlebnis - 에를레프니스
ermine - 어민
Eroica - 에로이카
eros - 에로스
eroticism - 에로티시즘
error - 에러
erythromycin - 에리트로마이신
escalator - 에스컬레이터
escalope - 에스칼로프

escargot - 에스카르고
Escherichia - 에셰리키아
escort - 에스코트
eserine - 에세린
Eskimo - 에스키모
Esperanto - 에스페란토
espresso - 에스프레소
esprit - 에스프리
Esquire - 에스콰이어
essay - 에세이
essence - 에센스
ester - 에스테르
esthiomene - 에스티오메네
estoppel - 에스토펠
estrogen - 에스트로겐
etching - 에칭
Etesian - 에테지안
ethacridine - 에타크리딘
ethane - 에탄
ether - 에테르
ethnocentrism - 에스노센트리즘
ethology - 에솔로지
ethos - 에토스
ethyl - 에틸
ethylene - 에틸렌
Eton jacket - 이튼 재킷

eucalyptus - 유칼립투스
eucryptite - 유크립타이트
eudiometer - 유디오미터
Eugenol - 오이게놀
Euglena - 유글레나
euphemism - 유피미즘
euphonium - 유포니움
euphony - 유포니
Eurailpass - 유레일패스
Eurasian - 유라시안
EURATOM - 유라톰
Euro - 유로
Eurocommunism - 유러코
뮤니즘
Eurodollar - 유러달러
europium - 유로퓸
Evangelin - 에반젤린
eve - 이브
even keel - 이븐 킬
evening - 이브닝
event - 이벤트
ever glaze - 에버글레이즈
ever pleat - 에버플리트
ever soft - 에버소프트
evolute - 에볼류트
exa - 엑사

excavator - 엑스커베이터
excuse - 엑스큐스
exec - 이그젝
exedra - 엑세드라
exfoliation - 엑스폴리에이션
Exihos - 에키호스
Exlan - 엑슬란
exodus - 엑소더스
exon - 엑손
expander - 익스팬더

F

F/f - 에프
fa - 파
Fabianism - 페이비어니즘
fabliaux - 파블리오
fabric - 패브릭
face - 페이스
face-off - 페이스오프
facing - 페이싱
facsimile - 팩시밀리
factorial - 팩토리얼
factoring - 팩터링

fade - 페이드
fado - 파두
fagara - 파가라
fagoting - 패거팅
fagott - 파곳
fail safe - 페일 세이프
fair - 페어
fair fly - 페어 플라이
fairground - 페어그라운드
fairlead - 페어리드
fair play - 페어플레이
fairway - 페어웨이
fake - 페이크
fall - 폴
false air - 폴스 에어
falsetto - 팔세토
family - 패밀리
famotidine - 파모티딘
fan - 팬
fancy - 팬시
fandango - 판당고
fanfare - 팡파르
fan heater - 팬히터
fan letter - 팬레터
fantasy - 판타지
farad - 패럿

farce - 파스
farm system - 팜 시스템
farthing - 파딩
far⊠ - 파르드
fascio - 파쇼
fascism - 파시즘
fashion - 패션
fashion show - 패션쇼
fastener - 파스너
fast food - 패스트푸드
fat - 패트
fatback - 패트백
fathom - 패덤
fault - 폴트
Faust - 파우스트
fauvisme - 포비슴
favori - 파보리
fawn - 폰
fax - 팩스
fazenda - 파젠다
feather - 페더
feature syndicate - 피처 신디
케이트
feed - 피드
feedback - 피드백
feedboard - 피드보드

feeder - 피더

feeler - 필러

feet - 피트

feinting - 페인팅

fellatio - 펠라티오

fellow - 펠로

fellowship - 펠로십

felt - 펠트

felt pen - 펠트펜

felt ring - 펠트 링

feminine look - 페미닌룩

feminism - 페미니즘

femto - 펨토

fence - 펜스

fencing - 펜싱

fender - 펜더

fermium - 페르뮴

fermorite - 페르모라이트

feroce - 페로체

ferret - 페럿

ferrite - 페라이트

ferritin - 페리틴

ferroaluminium - 페로알루미늄

ferrocerium - 페로세륨

ferrocyan - 페로시안

ferry - 페리

ferryboat - 페리보트

festival - 페스티벌

fetishism - 페티시즘

Fevernova - 피버노바

fiber - 파이버

fiberboard - 파이버보드

fibrin - 피브린

fibrinogen - 피브리노겐

fibroin - 피브로인

ficin - 피신

fiction - 픽션

fid - 피드

fiddle block - 피들 블록

Fidelio - 피델리오

field - 필드

field hockey - 필드하키

fieldwork - 필드워크

FIFA - 피파

fifteen - 피프틴

fighting - 파이팅

fight money - 파이트머니

figure - 피겨

filament - 필라멘트

filaria - 필라리아

file - 파일

filibuster - 필리버스터

filigrane - 필리그란
filler - 필러
fillet - 필릿
film - 필름
filter - 필터
fin - 핀
finale - 피날레
final game - 파이널 게임
finder - 파인더
fine play - 파인 플레이
finger - 핑거
finish - 피니시
firm banking - 펌 뱅킹
firmware - 펌웨어
first lady - 퍼스트레이디
fish bar - 피시 바
fit ball - 핏볼
fitting - 피팅
fixative - 픽서티브
fizz - 피즈
flag - 플래그
flagioletto - 플라지올레토
flake - 플레이크
Flamand - 플라망
flame jet - 플레임 제트
flamenco - 플라멩코

flame planner - 플레임 플래너
flamingo - 플라밍고
flange - 플랜지
flank - 플랭크
flannel - 플란넬
flap - 플랩
flare - 플레어
flareless - 플레어리스
flare - 플레어
flash - 플래시
flashback - 플래시백
flask - 플라스크
flat - 플랫
flatter - 플래터
flavin - 플래빈
flavone - 플라본
flavonoid - 플라보노이드
Fletcherism - 플레처리즘
fleuret - 플뢰레
flexible - 플렉시블
flier - 플라이어
flint - 플린트
flip-flop - 플립플롭
flipper - 플리퍼
float - 플로트
float chamber - 플로트 체임버

floater - 플로터

floating - 플로팅

float valve - 플로트 밸브

flock - 플록

flood - 플러드

floodlight - 플러드라이트

floor - 플로어

floppy disk - 플로피 디스크

flora - 플로라

flounce - 플라운스

flour - 플라워

flout - 플라우트

flow chart - 플로 차트

flower - 플라워

flow sheet - 플로 시트

flue - 플루

flume - 플룸

Fluor - 플루오르

fluorescens - 플루오레센스

fluorine - 플루오르

flush - 플러시

flute - 플루트

fluting - 플루팅

flutter - 플러터

flux - 플럭스

fly - 플라이

flyback - 플라이백

flyer - 플라이어

flying - 플라잉

flyweight - 플라이웨이트

flywheel - 플라이휠

foam - 폼

foam backing - 폼 배킹

focus - 포커스

fog - 포그

foggara - 포가라

foil - 포일

folder - 폴더

folia - 폴리아

Folidol - 폴리돌

folio - 폴리오

folk - 포크

folk dance - 포크 댄스

folk song - 포크 송

follow - 폴로

follow throw - 폴로 스로

Folsom - 폴섬

Fomalhaut - 포말하우트

font - 폰트

foot-pound - 풋파운드

football - 풋볼

footlight - 풋라이트

force - 포스

forehand - 포핸드

foreign books - 포린 북스

foreman - 포먼

forestay - 포스테이

forint - 포린트

forklift - 포크리프트

form - 폼

formal - 포멀

formaldehyde - 포름알데히드

Formalin - 포르말린

format - 포맷

formation - 포메이션

forme - 포름

Formica - 포마이카

forming - 포밍

formula car - 포뮬러 카

forte - 포르테

FORTRAN - 포트란

Fortune - 포천

forty - 포티

forum - 포럼

forward - 포워드

foul - 파울

foundation - 파운데이션

four - 포

foursome - 포섬

fourth - 포스

foward play - 포워드 플레이

fox terrier - 폭스테리어

fractal - 프랙털

fraction - 프랙션

fradiomycin - 프라디오마이신

fraise - 프레이즈

frame - 프레임

franc - 프랑

franchise chain - 프랜차이즈
체인

frapping - 프래핑

frappé - 프라페

free-lancer - 프리랜서

free barn - 프리 반

freehand - 프리핸드

free kick - 프리 킥

Freemason - 프리메이슨

free sex - 프리섹스

freestyle - 프리스타일

free throw - 프리 스로

French - 프렌치

French fry - 프렌치프라이

Freon - 프레온

fresco - 프레스코

fresh - 프레시

frictioning - 프릭셔닝

friction press - 프릭션 프레스

fried chicken - 프라이드치킨

frieze - 프리즈

frigate - 프리깃

fringe - 프린지

fritter - 프리터

frock coat - 프록코트

frog - 프로그

frogman - 프로그맨

front - 프런트

frontier - 프런티어

frottage - 프로타주

frotté - 프로테

G

G/g - 지

gaberdine - 개버딘

gable - 게이블

gadget plate - 가젯 플레이트

gadolinite - 가돌리나이트

gag - 개그

gagc - 게이지

gagman - 개그맨

gain - 게인

gal - 갈

galactosamine - 갈락토사민

galante - 갈란테

galanthamine - 갈란타민

gallery - 갤러리

galley - 갤리

galliard - 갤리어드

gallicanisme - 갈리카니슴

galling - 갤링

gallium - 갈륨

gallon - 갤런

gallop - 갤럽

gallows - 갤로스

galop - 갤럽

galvano - 갈바노

galvanometer - 갈바노미터

gambier - 갬비어

gamboge - 갬부지

game - 게임

game maker - 게임메이커

gamma(γ) - 감마

gammil - 가밀

Gamow - 가모

Gandhiism - 간디즘
GANEFO - 가네포
gang - 갱
gang age - 갱에이지
ganophyllite - 개노필라이트
gantry - 갠트리
gap - 갭
garage jack - 개라지 잭
garbage - 가비지
garbology - 가볼러지
garden - 가든
garden party - 가든파티
garlic - 갈릭
garnet - 가닛
garnett - 가넷
garnetting - 가네팅
garnierite - 가니어라이트
GARP - 가프
garter - 가터
gas - 가스
gas boiler - 가스보일러
gas burner - 가스버너
gas heater - 가스히터
gasket - 개스킷
gasogen - 가소겐
gasoline - 가솔린

gas range - 가스레인지
gasteria - 가스테리아
gastrin - 가스트린
gastrinoma - 가스트리노마
gate - 게이트
gate ball - 게이트볼
gate way - 게이트웨이
gather - 개더
gating - 게이팅
GATT - 가트
gauge - 게이지
Gaullism - 골리즘
gaur - 가우르
gauze - 거즈
gavotte - 가보트
gay - 게이
gazelle - 가젤
gear - 기어
gelatin - 젤라틴
GEM - 젬
Gemini - 제미니
gemolite - 제몰라이트
gendarme - 장다름
gender - 젠더
gĕnder - 근데르
general mortgage - 제너럴

모기지
Generalpause - 게네랄파우제
Generalprobe - 게네랄프로베
generator - 제너레이터
Genom - 게놈
genos - 게노스
Genossenschaft - 게노센샤프트
genre - 장르
gentamycin - 겐타마이신
Gentiana - 겐티아나
gentile - 젠틸레
gentio - 젠티오
gentleman - 젠틀맨
gentry - 젠트리
Geodimeter - 지오디미터
geoid - 지오이드
geometrism - 지오메트리즘
Georgette - 조젯
gerah - 게라
geranium - 제라늄
germane - 게르만
Germanium - 게르마늄
gerrymandering - 게리맨더링
Gestapo - 게슈타포
gesture - 제스처
get two - 겟투

ghatti - 가티
ghetto - 게토
ghost - 고스트
giant - 자이언트
gibbon - 기번
gibbsite - 기브자이트
gig - 기그
giga- 기가
gigabyte - 기가바이트
gigue - 지그
gilet - 질레
gill - 질
gimbal - 짐벌
gin - 진
ginger - 진저
gingham - 깅엄
Gips - 깁스
Gipsy - 집시
girder - 거더
girdle - 거들
Girl Scouts - 걸 스카우트
giro - 지로
Giselle - 지젤
gist - 지스트
gittern - 기턴
giusto - 주스토

glacé - 글라세

gladiolus - 글라디올러스

gladstone - 글래드스턴

glam fashion - 글램패션

glamour - 글래머

gland - 글랜드

glare - 글레어

glass - 글라스

glassware - 글라스웨어

glazing - 글레이징

gliadin - 글리아딘

glibenclamide - 글리벤클라마이드

glide - 글라이드

gliotoxin - 글리오톡신

glisser - 글리세

global - 글로벌

globe - 글로브

globin - 글로빈

globular - 글로뷸러

globulin - 글로불린

gloove - 글루브

glory - 글로리

glossy - 글로시

glove - 글러브

glow - 글로

glucagon - 글루카곤

glucitol - 글루시톨

glucogenesis - 글루코제네시스

glucolipid - 글루콜리피드

glucosamine - 글루코사민

glucoside - 글루코시드

gluon - 글루온

glutamine - 글루타민

glutenin - 글루테닌

glyceraldehyde - 글리세르알데히드

glycerin - 글리세린

glycine - 글리신

glycogen - 글리코겐

glyoxysome - 글리옥시솜

gnosis - 그노시스

go-cart - 고카트

goal - 골

goalkeeper - 골키퍼

goblet - 고블릿

godet - 고데

Godetia - 고데티아

goethite - 괴타이트

goggles - 고글

gold - 골드

golden disk - 골든 디스크

golden hour - 골든아워

gold rush - 골드러시

golf - 골프

gonadotropin - 고나도트로핀

Goncourt - 공쿠르(~상)

gondola - 곤돌라

goniometer - 고니오미터

good-bye - 굿바이

good-night - 굿나이트

gooseberry - 구스베리

gooseneck - 구스넥

gorge - 고르주

Gorgon - 고르곤

gorilla - 고릴라

gospel - 가스펠

gossip - 가십

Goth - 고트

Gothic - 고딕

gouging - 가우징

governor - 거버너

gown - 가운

grab - 그래브

gradation - 그러데이션

grade - 그레이드

graft - 그래프트

grain - 그레인

gram - 그램

Grammy - 그래미(~상)

grand - 그랜드

grand guignol - 그랑기뇰

grand piano - 그랜드 피아노

grand prix - 그랑프리

grand slam - 그랜드 슬램

granolith - 그래놀리스

grape - 그레이프

graph - 그래프

graphic - 그래픽

graphoscope - 그래포스코프

grass - 그래스

grate - 그레이트

grating - 그레이팅

graver - 그레이버

gravure - 그라비어

gray - 그레이

grease - 그리스

Greco-Roman - 그레코로만

Greed - 그리드

green - 그린

greenbelt - 그린벨트

Green Beret - 그린베레

green fee - 그린피

Green Peace - 그린피스

greyhound - 그레이하운드
grey market - 그레이마켓
grey sour - 그레이 사워
grid - 그리드
griffin - 그리핀
grill - 그릴
Grimaldi - 그리말디
grinder - 그라인더
grip - 그립
gripper - 그리퍼
grit - 그릿
grog - 그로그
groggy - 그로기
grommet - 그로밋
groopie - 그루피
groove - 그루브
grope - 그로프
groschen - 그로셴
gross - 그로스
grotesque - 그로테스크
ground - 그라운드
group - 그룹
groupware - 그룹웨어
grout - 그라우트
grove - 그로브
guanaco - 과나코

guanethidine - 구아네티딘
guanine - 구아닌
guarantee - 개런티
guard - 가드
guard-rail - 가드레일
gudgeon - 거전
guerilla - 게릴라
guest - 게스트
guide - 가이드
guide-line - 가이드라인
guidebook - 가이드북
guignol - 기뇰
guild - 길드
guilder - 길더
Guinea - 기니
guinea pig - 기니피그
Guinness Book - 기네스북
guitar - 기타
guitarist - 기타리스트
gulf - 걸프
gumdrops - 검드롭스

H

H/h - 에이치
haak - 호크
habanera - 하바네라
HABITAT - 해비탯
hacker - 해커
hackling - 해클링
Ⅺadith - 하디트
hadron - 하드론
haem - 헴
haemoglobin - 헤모글로빈
Haffner - 하프너
hahnium - 하늄
hair - 헤어
hairbrush - 헤어브러시
hairclip - 헤어클립
hair cream - 헤어크림
hair drier - 헤어드라이어
hair lotion - 헤어로션
hair spray - 헤어스프레이
hairstone - 헤어스톤
hairstyle - 헤어스타일
Hāji - 하지
hale - 헤일

half - 하프
halfback - 하프백
half time - 하프 타임
halftone - 하프톤
half-track - 하프트랙
half volley - 하프 발리
halide torch - 핼라이드 토치
hall - 홀
hallelujah - 할렐루야
halo - 헤일로
Halogen - 할로겐
ham - 햄
Hamas - 하마스
hamburger - 햄버거
Hamlet - 햄릿
hammer - 해머
hammerlock - 해머록
hammock - 해먹
ham rice - 햄라이스
hamster - 햄스터
hand - 핸드
handbag - 핸드백
handball - 핸드볼
handbook - 핸드북
handicap - 핸디캡
handle - 핸들

hand phone - 핸드폰
handshield - 핸드실드
handsome - 핸섬
hang-glider - 행글라이더
hanging - 행잉
hang seng(恒生) - 항생(~ 지수)
Hansa - 한자
happening - 해프닝
happy end - 해피 엔드
hapten - 합텐
hardboard - 하드보드
hard copy - 하드 카피
hard-cover - 하드커버
hard disk - 하드 디스크
hard rock - 하드 록
hardware - 하드웨어
harem - 하렘
harmonica - 하모니카
harmonics - 하모닉스
harmony - 하모니
harness - 하니스
harp - 하프
hart - 하트
Harvard - 하버드
hash - 해시
Hasidism - 하시디즘

hastelloy - 하스텔로이
hat - 해트
hatch - 해치
hatchback - 해치백
hatchway - 해치웨이
hat trick - 해트 트릭
hauler - 홀러
hawser - 호저
hay cube - 헤이큐브
haylage - 헤일리지
hazard - 해저드
head - 헤드
headblock - 헤드블록
headframe - 헤드프레임
headgear - 헤드기어
heading - 헤딩
headlight - 헤드라이트
headline - 헤드라인
headlock - 헤드록
headphone - 헤드폰
heald - 힐드
health club - 헬스클럽
heap - 히프
heart - 하트
heat - 히트
heater - 히터

heath - 히스

heavy - 헤비

heavy metal - 헤비메탈

Hebraism - 헤브라이즘

hectare - 헥타르

hecto - 헥토

hectogram - 헥토그램

hectoliter - 헥토리터

hectopascal - 헥토파스칼

heel - 힐

heelpiece - 힐피스

Hegemonie - 헤게모니

hegira - 헤지라

hejāeb - 헤자브

held ball - 헬드 볼

hele-show - 헬레쇼

helical gear - 헬리컬 기어

helicon - 헬리콘

helicoprion - 헬리코프리온

helicopter - 헬리콥터

helicorubin - 헬리코루빈

helicrysum - 헬리크리섬

heliometer - 헬리오미터

heliport - 헬리포트

helium - 헬륨

helix - 헬릭스

Hellas - 헬라

Hellenism - 헬레니즘

helmet - 헬멧

hematoxylin - 헤마톡실린

heme - 헴

hemlock - 헴록

hemoconia - 헤모코니아

hemocyanin - 헤모시아닌

hemoglobin - 헤모글로빈

hemstitch - 헴스티치

henna - 헤나

henry - 헨리

heparin - 헤파린

hepta - 헵타

heptachlor - 헵타클로르

heptane - 헵탄

hercules - 허큘리스

Heritage - 헤리티지

hernia - 헤르니아

heroin - 헤로인

heron - 헤론

herpes - 헤르페스

hertz - 헤르츠

hetero - 헤테로

heterodyne - 헤테로다인

Hewlett-Packard - 휼렛 패커드

hexa - 헥사

hexachlorobenzene - 헥사클로
로벤젠

hexane - 헥산

hibiscus - 히비스커스

hidden card - 히든카드

hide - 하이드

highball - 하이볼

high collar - 하이칼라

high fashion - 하이패션

highlight - 하이라이트

hightech - 하이테크

high teen - 하이틴

highway - 하이웨이

hiking - 하이킹

hill - 힐

Hindu - 힌두

hinge - 힌지

hint - 힌트

hip - 히프

hiphop - 힙합

hippie - 히피

hiropon - 히로뽕

Hispanic - 히스패닉

histamine - 히스타민

histogram - 히스토그램

histone - 히스톤

hit - 히트

hitch - 히치

hitchhike - 히치하이크

hit song - 히트송

Hittite - 히타이트

Hizbollah - 헤즈볼라

hob - 호브

hock - 혹

hockey - 하키

hodology - 호돌로지

hoe - 호

Hof - 호프

hog - 호그

hogback - 호그백

hogging - 호깅

hoist - 호이스트

hold - 홀드

hole - 홀

hole in one - 홀인원

hollow back - 홀로백

hologram - 홀로그램

holography - 홀로그래피

holon - 홀론

home - 홈

home automation - 홈오토

메이션
home banking - 홈뱅킹
home fashion - 홈패션
home grounds - 홈그라운드
home run - 홈런
home shopping - 홈 쇼핑
home wear - 홈 웨어
homing - 호밍
homo - 호모
Homo erectus - 호모 에렉투스
homogen - 호모겐
homogenizer - 호모지나이저
homology - 호몰로지
Homo sapiens - 호모 사피엔스
hone - 혼
Honest John - 어네스트존
honeycomb - 허니콤
honeymoon - 허니문
honing - 호닝
honor - 오너
hood - 후드
hoof - 후프
hooligan - 훌리건
hoop - 후프
hop - 홉
hope - 호프

hopper - 호퍼
hordein - 호르데인
hormone - 호르몬
Horn - 호른
horn - 혼
horning - 호닝
hornpipe - 혼파이프
hosanna - 호산나
hose - 호스
hospice - 호스피스
hospitalism - 호스피털리즘
host - 호스트
hostel - 호스텔
hostess - 호스티스
hot cake - 핫케이크
Hotchkiss - 호치키스
hot corner - 핫 코너
hot dog - 핫도그
hotel - 호텔
hot issue - 핫이슈
hot line - 핫라인
hot pants - 핫팬츠
hourglass - 아워글라스
house - 하우스
housing - 하우징
hub - 허브

hubble - 허블
Huguenot - 위그노
hula-hoop - 훌라후프
hum - 험
humanism - 휴머니즘
humanist - 휴머니스트
humming - 허밍
humor - 유머
humoresque - 유머레스크
hump - 험프
hurdle - 허들
hurricane - 허리케인
husky - 허스키
hyacinth - 히아신스
Hyades - 히아데스
hyaline - 히알린
hybrid - 하이브리드
hydra - 히드라
hydrazine - 히드라진
hydria - 히드리아
hydrograph - 하이드로그래프
hydrometer - 하이드로미터
hydroxy - 히드록시
hyena - 하이에나
Hyksos - 힉소스
hymo - 하이모

hyperinflation - 하이퍼인플레
이션
hypermedia - 하이퍼미디어

I

I/i - 아이
Iban - 이반
Iberia - 이베리아
Ibsenism - 입세니즘
ice - 아이스
icebox - 아이스박스
ice cake - 아이스케이크
ice cream - 아이스크림
ice hockey - 아이스하키
ice rink - 아이스 링크
icon - 아이콘
iconography - 아이코노그래피
iconometer - 아이코노미터
iconoscope - 아이코노스코프
id - 이드
idea - 아이디어
Idea - 이데아
identity - 아이덴티티

Ideologic – 이데올로기
idle – 아이들
Ido – 이도
igloo – 이글루
igniter – 이그나이터
iguana – 이구아나
Iliad – 일리아드
illite – 일라이트
illustration – 일러스트레이션
ilmenite – 일미나이트
image – 이미지
imagery – 이미저리
imagism – 이미지즘
imide 이미드
imitation – 이미테이션
immunity – 이뮤니티
impact – 임팩트
impedance – 임피던스
impeller – 임펠러
Imperator – 임페라토르
Impotenz – 임포텐츠
impulse – 임펄스
incentive – 인센티브
incline – 인클라인
Inconel – 인코넬
in course – 인코스

increment – 인크리먼트
incross – 인크로스
incubator – 인큐베이터
incunabula – 인큐내뷸러
incurve – 인커브
indan – 인단
indanthrene – 인단트렌
index – 인덱스
Indian – 인디언
indicator – 인디케이터
indigenismo – 인디헤니스모
indigo – 인디고
Indio – 인디오
indium – 인듐
indoor baseball – 인도어
베이스볼
indri – 인드리
inductance – 인덕턴스
infield fly – 인필드 플라이
infighter – 인파이터
inflation – 인플레/인플레이션
inflession – 인플레션
influenza – 인플루엔자
information – 인포메이션
infrastructure – 인프라스트럭처
ingot – 잉곳

initial - 이니셜
initiation - 이니시에이션
initiative - 이니셔티브
injector - 인젝터
Injil - 인질
ink - 잉크
inner - 이너
inning - 이닝
innovation - 이노베이션
inoceramus - 이노케라무스
inosine - 이노신
Inosit - 이노지트
inositol - 이노시톨
inplant - 인플랜트
inside - 인사이드
inside corner - 인코너
inspiration - 인스피레이션
instant - 인스턴트
instep - 인스텝
instrumentalism - 인스트루멘털리즘
insulator - 인슐레이터
insulin - 인슐린

J

J/j - 제이
jab - 잽
jack - 잭
jackal - 자칼
jacket - 재킷
jackhammer - 잭해머
jackknife - 잭나이프
jaguar - 재규어
jam - 잼
jamboree - 잼버리
jam session - 잼 세션
Jane Eyre - 제인 에어
Jannah - 잔나
jansky - 잰스키
Jansénisme - 장세니슴
Japetos - 야페토스
Japonicus - 자포니쿠스
Jarmo - 자르모
jasmine - 재스민
jātaka - 자타카
javelin - 재블린
jaw - 조
jazz - 재즈

jean - 진

Jean Christophe - 장 크리스토프

jeep - 지프

jelly - 젤리

jellybean - 젤리빈

jersey - 저지

Jesuit - 제수이트

Jesus - 예수

jet - 제트

jetmizer - 제트마이저

jetting - 제팅

jeu de paume - 죄드폼

jib - 지브

jibbing - 지빙

jibe - 자이브

jib nalliard - 지브 핼리어드

jiffy pot - 지피 포트

jig - 지그

jigger - 지거

jigsaw - 지그소

jihād - 지하드

Jingle Bell - 징글 벨

jingoism - 징고이즘

jinx - 징크스

jip halliard - 집 핼리어드

jip stopper - 집 스토퍼

jitterbug - 지터버그/지르박

jizyah - 지즈야

job - 잡

job case - 조브 케이스

job font - 조브 폰트

jockey - 자키

Jod - 요오드

Jodform - 요오드포름

jodhpurs - 조퍼스

jodium - 요오듐

Jodkali - 요오드칼리

jog - 조그

jogging - 조깅

joining script - 조이닝 스크립트

joint - 조인트

joke - 조크

joker - 조커

jota - 호타

joule - 줄

journal - 저널

journalism - 저널리즘

journalist - 저널리스트

joy stick - 조이 스틱

Judea - 유대

judge - 저지

Jugendstil - 유겐트슈틸
juggle - 저글
Juglar cycle - 쥐글라 사이클
juice - 주스
jukebox - 주크박스
Jules Rimet Cup - 쥘 리메 컵
Julius Caesar - 줄리어스 시저
Julius - 율리우스(~력)
Julliard - 줄리아드
jumbo - 점보
Jumbotron - 점보트론

K

K/k - 케이
kabbālāh - 카발라
kahn - 칸
Kai - 카이
kainite - 카이나이트
KAIST - 카이스트
kala-azar - 칼라아자르
kalanchoe - 칼랑코에
kale - 케일
Kalevala - 칼레발라

kalfax - 칼팍스
kali - 칼리
kalinite - 칼리나이트
kalitype - 칼리타이프
Kalium - 칼륨
Kallus - 칼루스
kalmia - 칼미아
Kalmuck - 칼무크
Kalpasutra - 칼파수트라
kalunite - 칼루나이트
kamacite - 카마사이트
kamille - 카밀레
kampaniya - 캄파니아
Kanaka - 카나카
kanamycin - 카나마이신
kandelaar - 칸델라
kangaroo - 캥거루
Kantharos - 칸타로스
kaolin - 카올린
kaolinite - 카올리나이트
Kapelle - 카펠레
Kapellmeister - 카펠마이스터
KAPF - 카프
kapok - 케이폭
kappa(κ) - 카파
Kapsel - 캅셀

Kar - 카르
Karel - 카렐
Karen - 카렌
Kārēz - 카레즈
Kariera - 카리에라
karma - 카르마
Karnak - 카르나크
Karrenfeld - 카렌펠트
Karssai - 카르사이
Karst - 카르스트
Kartell - 카르텔
karyosome - 카리오솜
Kashimilon - 캐시밀론
Kassite - 카시트
Katatonie - 카타토니
Kategorie - 카테고리
kathenotheism - 카테노시이즘
kathepsin - 카텝신
KATUSA - 카투사
Kavkaz - 카프카스
kavya - 카비아
kayak - 카약
Kayan - 카얀
Kayser - 카이저
Kazakh - 카자흐
KEDO - 케도

keel - 킬
keelblock - 킬블록
keep - 키프
keeper - 키퍼
kefir - 케퍼
Kelmet - 켈밋
keloid - 켈로이드
kelp - 켈프
kelvin - 켈빈
kemanche - 케만체
kemp - 켐프
kenaf - 케나프
kenotron - 케노트론
kent - 켄트
Kephalin - 케팔린
keps - 켑스
kerasin - 케라신
keratin - 케라틴
Keratomalacia - 케라토말라치아
kerma - 커마
kermes - 케르메스
kernite - 커나이트
kerogen - 케로겐
kerosine - 케로신
kersey - 커지
ketamine - 케타민

ketch - 케치
ketchup - 케첩
ketene - 케텐
ketoconazole - 케토코나졸
ketol - 케톨
ketone - 케톤
kettle - 케틀
kettledrum - 케틀드럼
key - 키
keyboard - 키보드
keyer - 키어
keyhole neckline - 키홀 네크
라인
keying - 키잉
keynote - 키노트
key point - 키포인트
keystone plate - 키스톤
플레이트
key word - 키 워드
khaki - 카키
khaliifa - 칼리파
Khalkha - 할하
khan - 칸
Khanty - 한티
Kharluk - 카를루크
Kharoṣṭhī - 카로슈티

Khasi - 카시
Khatīb - 카티브
Khazar - 하자르
khellin - 켈린
khi - 키
Khmer Rouge - 크메르 루주
Khnemu - 크네무
Khoin - 코인
Khoisan - 코이산
Khorchin - 호르친
Khorsabad - 코르사바드
khuriltai - 쿠릴타이
Khutbah - 쿠트바
kiang - 키앙
kibble - 키블
kibbutz - 키부츠
kick - 킥
kickball - 킥볼
kickboard - 킥보드
kickboxing - 킥복싱
kickdown - 킥다운
kicker - 키커
kid 키- 드
kidnet - 키드넷
kill - 킬
killer - 킬러

kilo - 킬로

kiloampere - 로암페어

kilobar - 킬로바

kilobyte - 킬로바이트

kilocalorie - 킬로칼로리

kilogram - 킬로그램

kiloliter - 킬로리터

kilometer - 킬로미터

kilovolt - 킬로볼트

kilowatt - 킬로와트

kilt - 킬트

kimberlite - 킴벌라이트

kina - 키나

kinema drama - 키네마 드라마

kineorama - 키네오라마

kinepanorama - 키네파노라마

kinesics - 키니식스

kinesiology - 키네시올로지

kinetic art - 키네틱 아트

kinetin - 키네틴

kinetograph - 키네토그래프

kinghorn - 킹혼

kingpin - 킹핀

king-size - 킹사이즈

kinin - 키닌

kinine - 키니네

kink - 킹크

kinkajou - 킨카주

kiss - 키스

kissling - 키슬링

KIST - 키스트

kit - 키트

kitchen - 키친

kitchen towel - 키친타월

kitch fashion - 키치 패션

Kitchin cycle - 키친 사이클

kitoon - 카이툰

kiwi - 키위

Klappe - 클라페

Klavier - 클라비어

klaxon - 클랙슨

kleinite - 클라이나이트

Klinker - 클링커

klinokinesis - 클리노키네시스

Klippe - 클리페

klydonograph - 클리도노그래프

klystron - 클라이스트론

knapsack - 냅색

L

L/l - 엘
lab - 랩
Labanotation - 라바노테이션
label - 라벨/레이블
labeling - 레이블링
labyrinth - 래버린스
lace - 레이스
lack - 랙
lacquer - 래커
lacrosse - 라크로스
lactam - 락탐
lactoglobulin - 락토글로불린
lactone - 락톤
La Cucaracha - 라 쿠카라차
ladder - 래더
laddertron - 래더트론
ladle - 레이들
lager - 라거
laissez-faire - 레세페르
laitance - 레이턴스
lake - 레이크
lama - 라마

La Madeleine - 라 마들렌
Lamarckisme - 라마르키슴
La Marseillaise - 라 마르세예즈
lamb - 램
lambada - 람바다
lambda(λ) - 람다
lame duck - 레임덕
lamella - 라멜라
lamentabile - 라멘타빌레
lamentoso - 라멘토소
laminarin - 라미나린
laminate - 래미네이트
lamp - 램프
Lamut - 라무트
lamé - 라메
LAN - 랜
lancers - 랜서스
lancet - 랜싯
land - 랜드
landmark - 랜드마크
Land Rover - 랜드 로버
Landsat - 랜드샛
lane - 레인
langage - 랑가주
Langsam - 랑잠
langue - 랑그

Lanital - 라니탈
La Niña - 라니냐
lanolin - 라놀린
La Novia - 라 노비아
lantana - 란타나
lantern - 랜턴
lanyard - 래니어드
Lao - 라오
Laocoon - 라오콘
lap - 랩
La Paloma - 라 팔로마
lapboard - 랩보드
lapping - 래핑
laptop computer - 랩톱 컴퓨터
largando - 라르간도
large - 라지
larghetto - 라르게토
larghissimo - 라르기시모
largo - 라르고
larmor - 라머
laser - 레이저
laser printer - 레이저 프린터
lash - 래시
last - 라스트
Lastex - 라스텍스
last scene - 라스트 신

latch - 래치
latchet - 래칫
latex - 라텍스
Latin - 라틴
Latium - 라티움
La Traviata - 라 트라비아타
lavatera - 라바테라
lavender - 라벤더
Lawinebahn - 라비네반
lawn - 론
lawrencium - 로렌슘
laxator - 락사토르
layer - 레이어
layout - 레이아웃
lay shaft - 레이 샤프트
lay-up shoot - 레이업 슛
lazy line - 레이지 라인
lea - 리
leach - 리치
lead - 레드
lead - 리드
leader - 리더
leadership - 리더십
leadman - 리드맨
lead-off - 리드오프
leaflet - 리플릿

leaf stitch - 리프 스티치

league - 리그

leak - 리크

leaping step - 리핑 스텝

lease - 리스

leather - 레더

lecirin - 레시린

ledge - 레지

leek - 리크

left - 레프트

leg - 레그

legatissimo - 레가티시모

legato - 레가토

leghorn - 레그혼

Legio Mariae - 레지오 마리에

legion - 레기온

legionella - 레지오넬라

Leica - 라이카

leisure - 레저

lemma - 렘마

lemming - 레밍

lemniscate - 렘니스케이트

lemon - 레몬

lemonade - 레모네이드

Le Monde - 르 몽드

lemon juice - 레몬주스

lens - 렌즈

lentissimo - 렌티시모

lento - 렌토

leotard - 레오타드

lepidosiren - 레피도사이렌

leptocephalus - 렙토세팔루스

lepton - 렙톤

lesbian - 레즈비언

Lesedrama - 레제드라마

Lesescenario - 레제시나리오

Les Misérables - 레미제라블

lesson - 레슨

let-off - 렛오프

letter - 레테르

etterhead - 레터헤드

lettering - 레터링

leucine - 류신

leucomycin - 류코마이신

levee - 레비

level - 레벨

lever - 레버

leverage - 레버리지

levirate - 레비레이트

liaison - 리에종

Liatris - 리아트리스

liberal - 리버럴

libero - 리베로
liberty line - 리버티 라인
libido - 리비도
library - 라이브러리
libretto - 리브레토
license - 라이선스
lidar - 라이다
lidocaine - 리도카인
lie - 라이
lien - 리언
life cycle - 라이프 사이클
lifeline - 라이프라인
lifestyle - 라이프스타일
lift - 리프트
ligand - 리간드
liger - 라이거
light - 라이트
lignin - 리그닌
lignum vitae - 리그넘 바이티
lilac - 라일락
limb - 림
limber - 림버
limbo - 림보
limbus - 림버스
lime - 라임
limelight - 라임라이트

limit design - 리밋 디자인
limiter - 리미터
limonene - 리모넨
limonite - 리모나이트
limousine - 리무진
line - 라인
lineament - 리니어먼트
linefeed - 라인피드
linen - 리넨
liner - 라이너
lineup - 라인업
lingerie - 란제리
liniment - 리니먼트
lining - 라이닝
link - 링크
linkage - 링키지
linker - 링커
Linotype - 라이노타이프
linoxyn - 리녹신
lint - 린트
linter - 린터
Lions Club - 라이온스 클럽
lip - 립
lip cream - 립크림
lip-gloss - 립글로스
lipoid - 리포이드

liposome - 리포솜

lipotropin - 리포트로핀

lipstick - 립스틱

lip sync - 립싱크

liqueur - 리큐어

LISP - 리스프

list - 리스트

listesso tempo - 리스테소 템포

liter - 리터

lithia - 리티아

lithium - 리튬

litmus - 리트머스

live action - 라이브 액션

living cost - 리빙 코스트

living kitchen - 리빙 키친

load - 로드

loading - 로딩

loaf - 로프

loam - 롬

lob - 로브

lobby - 로비

lobbyist - 로비스트

lobe - 로브

local credit - 로컬 크레디트

localizer - 로컬라이저

local rule - 로컬 룰

location - 로케이션

lock - 로크

locker - 로커

locker room - 라커 룸

locket - 로켓

Lockheed - 록히드

locking - 로킹

locknut - 로크너트

lockout - 로크아웃

loft - 로프트

log - 로그

loganberry - 로건베리

logarithm - 로가리듬

loggia - 로지아

logic - 로직

login - 로그인

logistic - 로지스틱

logo - 로고

logos - 로고스

logotype - 로고타이프

loin - 로인

loincloth - 로인클로스

Lolita complex - 롤리타
콤플렉스

Longchamp - 롱샹

longnose plier - 롱노즈 플라이어

long pass - 롱 패스
long-run - 롱런
long skirt - 롱스커트
loom - 룸
loop - 루프
loose - 루스
LORAN - 로란
loris - 로리스
lorn - 론
loss - 로스
lost ball - 로스트 볼
lost motion - 로스트 모션
lost time - 로스트 타임
lot - 로트
lotion - 로션
Lotto - 로토
Louisvuitton - 루이뷔통
lounge - 라운지
louver - 루버
Louvre - 루브르
love - 러브
lovebird - 러브버드
love hotel - 러브호텔
love letter - 러브 레터
love scene - 러브신
lower case - 로어 케이스

low head - 로 헤드
low-key - 로키

M

M/m - 엠
macadom - 머캐덤
macarena - 마카레나
macaron - 마카롱
macaroni - 마카로니
Macbeth - 맥베스
Machiavellism - 마키아벨리즘
machine - 머신
macro - 매크로
madame - 마담
madonna - 마돈나
madrigal - 마드리갈
madrone - 마드론
maestoso - 마에스토소
Mafia - 마피아
magazine - 매거진
magenta - 마젠타
magic - 매직
magic pen - 매직펜

magic tape - 매직테이프

magma chamber - 마그마
체임버

Magna Carta - 마그나 카르타

magnesia - 마그네시아

magnesite - 마그네사이트

magnesium - 마그네슘

magnet - 마그넷

magnox - 마그녹스

mahogany - 마호가니

Mahomet - 마호메트

mail - 메일

main - 메인

main event - 메인이벤트

maiolica - 마욜리카

major - 메이저

maker - 메이커

makeup - 메이크업

malachite - 말라카이트

malaria - 말라리아

mambo - 맘보

mammoth - 매머드

mana - 마나

manager - 매니저

manaism - 마나이즘

manatee - 매너티

mandarin - 만다린

Mandingo - 만딩고

mandolin - 만돌린

mandrel - 맨드릴

Mangan - 망간

mango - 망고

manhole - 맨홀

mania - 마니아

manicure - 매니큐어

manierismo - 마니에리스모

manifold - 매니폴드

manipulation - 머니퓰레이션

manitoism - 매니토이즘

manna - 만나

mannequin - 마네킹

manner - 매너

mannerism - 매너리즘

mannitol - 만니톨

manometer - 마노미터

Manon Lescaut - 마농 레스코

mansarde - 망사르드

Mansi - 만시

mansion - 맨션

manteau - 망토

mantle - 맨틀

man-to-man - 맨투맨

manual - 매뉴얼

manufacture - 매뉴팩처

map - 맵

mapping - 매핑

maracas - 마라카스

marathon - 마라톤

marble - 마블

marcato - 마르카토

march - 마치

marciale - 마르치알레

margarine - 마가린

margin - 마진

marguerite - 마거리트

marihuana - 마리화나

marimba - 마림바

marinade - 매리네이드

marine beef - 머린 비프

marinera - 마리네라

marionette - 마리오네트

marjoram - 마저럼

mark - 마크

Markab - 마르카브

marketing - 마케팅

market leader 마켓 리더

marking - 마킹

markkaa - 마르카

markman - 마크맨

marmalade - 마멀레이드

marmelo - 마르멜로

marmot - 마멋

marmotte - 마르모트

marquenching - 마퀜칭

marron - 마롱

marronnier - 마로니에

MARS - 마르스

marshmallow - 마시멜로

martempering - 마템퍼링

martensite - 마텐자이트

martini - 마티니

Marxism - 마르크시즘

mascara - 마스카라

mascon - 매스콘

mascot - 마스코트

maser - 메이저

mash - 매시

mask - 마스크

masking - 마스킹

masochism - 마조히즘

mass - 매스

massage - 마사지

mass game - 매스 게임

mass media - 매스 미디어

master - 마스터
master plan - 마스터플랜
Masters - 마스터스
masturbation - 마스터베이션
matador - 마타도어
match - 매치
match play - 매치 플레이
match point - 매치 포인트
matelassé - 마틀라세
matrix - 매트릭스
matroos - 마도로스
matte - 매트
mattress - 매트리스
maximum - 맥시멈
Maya - 마야
mayonnaise - 마요네즈
Maypole - 메이폴
mazurka - 마주르카
McCarthyism - 매카시즘
measure - 메저
meat - 미트
meatball - 미트볼
mebendazole - 메벤다졸
mechanical booster - 메커니컬
부스터
mechanism - 메커니즘

mechatronics - 메커트로닉스
medal - 메달
media - 미디어
median - 메디안
mediante - 메디안테
MEDIOS - 메디오스
medium - 미디엄
medley - 메들리
Medusa - 메두사
meehanite - 미하나이트
meeting - 미팅
mega - 메가
megaceros - 메가케로스
megalopa - 메갈로파
megalopolis - 메갈로폴리스
Meganthropus - 메간트로푸스
megaphone - 메가폰
megatherium - 메가테리움
megaton - 메가톤
megohm - 메그옴
melamine - 멜라민
melanin - 멜라닌
melatonin - 멜라토닌
melinite - 멜리나이트
melissa - 멜리사
melodion - 멜로디언

melodrama - 멜로드라마

melody - 멜로디

melon - 멜론

member - 멤버

membership - 멤버십

memo - 메모

memory - 메모리

Mendelism - 멘델리즘

mending - 멘딩

menhaden - 멘헤이든

meniscus - 메니스커스

Menshevism - 멘셰비즘

menstruation - 멘스트루에이션

Menthol - 멘톨

menu - 메뉴

Men'sheviki - 멘셰비키

mercantilism - 머컨틸리즘

mercaptan - 메르캅탄

mercer - 머서

merchandising - 머천다이징

Mercurochrome - 머큐로크롬

mercury - 머큐리

merge - 머지

merino - 메리노

merit - 메리트

merogony - 메로고니

merwinite - 머위나이트

mes - 메스

mesa - 메사

mescaline - 메스칼린

mesh - 메시

mesomerism - 메소머리즘

meson - 메손

mesosome - 메소솜

mesotron - 메소트론

mess - 메스

message - 메시지

messenger - 메신저

Messiah - 메시아

meta - 메타

metacenter - 메타센터

metachromasy - 메타크로머시

metal - 메탈

metaphor - 메타포

meter - 미터

methane - 메탄

methanol - 메탄올

methyl - 메틸

metronidazole - 메트로니다졸

metropolis - 메트로폴리스

mezzo forte - 메조 포르테

mezzosoprano - 메조소프라노

micanite - 마이카나이트
micell - 미셀
Mickey Mouse - 미키 마우스
micom - 마이컴
micoplasma - 미코플라스마
microbus - 마이크로버스
microcapsule - 마이크로캡슐
Micrococcus - 미크로코쿠스
microcomputer - 마이크로
컴퓨터
microfilm - 마이크로필름
micrometer - 마이크로미터
micromicron - 마이크로미크론
micron - 미크론
micronizer - 마이크로나이저
microprocessor - 마이크로
프로세서
microswitch - 마이크로스위치
microwave - 마이크로웨이브
MIDAS - 미다스
middle - 미들
middleware - 미들웨어
midfield - 미드필드
midium - 미디엄
midship - 미드십
migmatite - 미그마타이트

mike - 마이크
Mikrokosmos - 미크로
코스모스
mile - 마일
milepost - 마일포스트
miler - 마일러
milk - 밀크
milk shake - 밀크셰이크
mill - 밀
milli - 밀리
millibar - 밀리바
milligram - 밀리그램
millimeter - 밀리미터
millipoise - 밀리푸아즈
mime - 마임
mimic - 미믹
mimosa - 미모사
mind - 마인드
mind map 마인드맵
mineral - 미네랄
mineral water - 미네랄워터
minette - 미네트
miniature - 미니어처
minibar - 미니바
minibus - 미니버스
miniskirt - 미니스커트

mink - 밍그

mink coat - 밍크코트

Minnesang - 미네장

minor - 마이너

minstrel - 민스트럴

mint - 민트

minuet - 미뉴에트

minus - 마이너스

mioglobin - 미오글로빈

MIPS - 밉스

mir - 미르

Mira - 미라

miracidium - 미라시듐

Mirage - 미라주

Miranda - 미란다

mirra - 미라

miscast - 미스캐스트

miscella - 미셀라

Miss - 미스

missa - 미사

missile - 미사일

mission - 미션

mist - 미스트

mister/Mr. - 미스터

mistral - 미스트랄

mitochondria - 미토콘드리아

mitomycin - 미토마이신

mix - 믹스

mixer - 믹서

mnemonic - 니모닉

mobile - 모빌

mob scene - 몹신

Moby Dick - 모비 딕

Mochica - 모치카

mode - 모드

model - 모델

model house - 모델 하우스

modem - 모뎀

moderato - 모데라토

modern - 모던

modernism - 모더니즘

modernist - 모더니스트

modular - 모듈러

modulation - 모듈레이션

module - 모듈

Mohammed - 모하메드

Mohican - 모히칸

moiré - 무아레

moist pellet - 모이스트 펠릿

mol - 몰

mold - 몰드

molectronics - 몰렉트로닉스

Molinism - 몰리니즘

molybdenum - 몰리브덴

moment - 모멘트

momentum - 모멘텀

monad - 모나드

Mona Lisa - 모나리자

Monarchianism - 모나르키아
니즘

Monascus anka - 모나스쿠스
앙카

monazite - 모나자이트

monel - 모넬

monetarism - 머니터리즘

money game - 머니 게임

money loan - 머니 론

money supply - 머니 서플라이

mongoose - 몽구스

monilia - 모닐리아

monism - 모니즘

monitor - 모니터

monmorillonite - 몬모릴로
나이트

monoamine - 모노아민

monochord - 모노코드

monochromator - 모노크로
메이터

monochrome - 모노크롬

monochrometer - 모노크로
미터

monodrama - 모노드라마

monogram - 모노그램

monograph - 모노그래프

monologue - 모놀로그

monorail - 모노레일

monoscope - 모노스코프

monotheism - 모노시이즘

monotype - 모노타이프

monsoon - 몬순

monstera - 몬스테라

montage - 몽타주

monument - 모뉴먼트

mood - 무드

mook - 무크

moralist - 모럴리스트

moral risk - 모럴 리스크

moratorium - 모라토리엄

Mormon - 모르몬

morning call - 모닝콜

morning coat - 모닝코트

morphine - 모르핀

morse taper - 모스 테이퍼

mortar - 모르타르

mosaic - 모자이크
moshav - 모샤브
Moslem - 모슬렘
mosque - 모스크
MOSS - 모스
Mossad - 모사드

N

N/n - 엔
nacelle - 나셀
NADGE - 나지
nalbuphine - 날부핀
NAND - 낸드
nano - 나노
nanometer - 나노미터
nap - 냅
napalm - 네이팜
naphtha - 나프타
naphthalene - 나프탈렌
naphthene - 나프텐
napkin - 냅킨
narcissism - 나르시시즘
narcotine - 나르코틴

naringin - 나린진
narratage - 나라타주
narration - 내레이션
narrator - 내레이터
NASA - 나사
NASDAQ - 나스닥
nationalism - 내셔널리즘
NATO - 나토
Natrium - 나트륨
natural - 내추럴
nauplius - 노플리우스
navel - 네이블
Nazi - 나치
Nazism - 나치즘
nebula - 네뷸러
neck - 넥
neckerchief - 네커치프
necking - 네킹
neckline - 네크라인
necktie - 넥타이
nectar - 넥타
needle - 니들
negative - 네거티브
Negro - 니그로
neo-dadaism - 네오다다이즘
Neo-Darwinism - 네오다위니즘

neo-fascism - 네오파시즘
Neo-Freudism - 네오프로이디즘
Neo-Lamarckism - 네오라마르키즘
neomycin - 네오마이신
neon - 네온
neon sign - 네온사인
neoprene - 네오프렌
nep - 넵
neper - 네퍼
nephron - 네프론
nepotism - 네포티즘
nest - 네스트
net - 네트
netizen - 네티즌
Netscape - 넷스케이프
network - 네트워크
neurine - 뉴린
Neurochip - 뉴로칩
neuro computer - 뉴로컴퓨터
neuron - 뉴런
Neurose - 노이로제
neutral - 뉴트럴
Neutrodyne - 뉴트로다인
neutron - 뉴트론
new media - 뉴 미디어

new rock - 뉴록
news - 뉴스
new science - 뉴 사이언스
niacin - 나이아신
niccolite - 니콜라이트
nichrome - 니크롬
nickel - 니켈
nickname - 닉네임
nicotine - 니코틴
NICS - 닉스
NIEO - 니에오
Nietzscheism - 니체이즘
night - 나이트
nightclub - 나이트클럽
night show - 나이트쇼
nigrosine - 니그로신
nihilism - 니힐리즘
nihilist - 니힐리스트
Nimbus - 님버스
NIMBY - 님비
nine - 나인
nip - 닙
nipper - 니퍼
nipple - 니플
NIRA - 니라
nisu - 니스

nitinol - 니티놀

nitrile - 니트릴

nitrobacter - 니트로박터

nitron - 니트론

Nobel - 노벨

nobilemente - 노빌레멘테

nobilitas - 노빌리타스

noblesse oblige - 노블레스
오블리주

nocking - 노킹

no comment - 노코멘트

noctovision - 녹토비전

nocturne - 녹턴

node - 노드

nogisu - 노기스

noil - 노일

noise - 노이즈

nomograph - 노모그래프

nomos - 노모스

non cling - 논클링

nonet - 노넷

nonfiction - 논픽션

nonsense - 난센스

nonstop - 논스톱

nontitle - 논타이틀

noodle - 누들

NOR - 노어

NORAD - 노라드

noradrenalin - 노르아드레날린

Noraism - 노라이즘

nordic - 노르딕

norm - 놈

Normal - 노르말

normal - 노멀

normalization - 노멀라이제이션

nose - 노즈

nostalgia - 노스탤지어

NOTAM - 노탐

notch - 노치

note - 노트

notebook - 노트북

nouveau - 누보

nouveau roman - 누보로망

nova - 노바

Novokain - 노보카인

Novum Organum - 노붐
오르가눔

nozzle - 노즐

nu(υ) - 뉴

nuance - 뉘앙스

nuclein - 뉴클레인

nucleocapsid - 뉴클레오캡시드

nude - 누드
nude model - 누드모델
nude show - 누드쇼
nugget - 너깃
null - 널
number - 넘버
nursery school - 너서리스쿨
nylon - 나일론
nymphomania - 님포마니아

O

O/o - 오
oak - 오크
OAPEC - 오아펙
oasis - 오아시스
oatmeal - 오트밀
obelisk - 오벨리스크
objet - 오브제
oboe - 오보에
observer - 옵서버
Occident - 옥시덴트
occultism - 오컬티즘

octane - 옥탄
octave - 옥타브
odalisque - 오달리스크
Odyssey - 오디세이
Oedipus - 오이디푸스
off-scene - 오프신
offence - 오펜스
offer - 오퍼
office hotel - 오피스텔
offset - 오프셋
offside - 오프사이드
offline - 오프라인
ogive - 오지브
ohm - 옴
oil shock - 오일 쇼크
oilpaper - 오일페이퍼
oilskin - 오일스킨
Oirat - 오이라트
okapi - 오카피
okra - 오크라
old miss - 올드미스
oleodamper - 올레오댐퍼
oleometer - 올레오미터
olive - 올리브
Olympia - 올림피아
Olympic - 올림픽

ombudsman - 옴부즈맨
omega(ω) - 오메가
omelet - 오믈렛
omelet rice - 오므라이스
omikron(ο) - 오미크론
omnibus - 옴니버스
Onanisme - 오나니슴
oncidium - 온시듐
one touch - 원터치
one-man show - 원맨쇼
one-step - 원스텝
one-piece - 원피스
one-room - 원룸
onside - 온사이드
on-line - 온라인
OPEC - 오펙
open account - 오픈 어카운트
open primary - 오픈 프라이머리
opening - 오프닝
Oper - 오퍼
opera - 오페라
operation - 오퍼레이션
operetta - 오페레타
opinion - 오피니언
opsin - 옵신
OPTACON - 옵타콘

optima - 옵티마
option - 옵션
orange - 오렌지
oratorio - 오라토리오
orbital - 오비탈
orchestra - 오케스트라
orchestration - 오케스트레이션
orcinol - 오르시놀
order - 오더
ordinary foul - 오디너리 파울
oregano - 오레가노
organ - 오르간
organist - 오르가니스트
orgasme - 오르가슴
Orient - 오리엔트
oriental - 오리엔탈
orientation - 오리엔테이션
orifice - 오리피스
original - 오리지널
ornithine - 오르니틴
Orphism - 오르피즘
ortho - 오르토
orthodox - 오서독스
oryx - 오릭스
Oryzanine - 오리자닌
Oscar - 오스카

oscillator - 오실레이터

oscilloscope - 오실로스코프

ostracism - 오스트라시즘

Othello - 오셀로

otter trawl - 오터 트롤

otto cycle - 오토 사이클

ounce - 온스

out boxing - 아웃복싱

out-sourcing - 아웃소싱

outer rotor - 아우터 로터

outgroup - 아웃그룹

outhaul - 아웃홀

outlet - 아웃렛

outline - 아우트라인

output - 아웃풋

outrigger - 아우트리거

outsider - 아웃사이더

oval - 오벌

ovalbumin - 오브알부민

oven - 오븐

over loan - 오버론

over sense - 오버센스

overaction - 오버액션

overblouse - 오버블라우스

overboard valve - 오버보드 밸브

overcoat - 오버코트

overdraw - 오버드로

overeat - 오바이트

overflow - 오버플로

overhand throw - 오버핸드 스로

overhang - 오버행

overhaul - 오버홀

overhead - 오버헤드

overhead kick - 오버헤드 킥

overkill - 오버킬

overlap - 오버랩

overlapping - 오버래핑

overlay - 오버레이

overlock - 오버로크

overpass - 오버패스

overrun - 오버런

overstep - 오버스텝

overthrow - 오버스로

overtime - 오버타임

Owenism - 오어니즘

owner - 오너

owner driver - 오너드라이버

oxal - 옥살

oxford - 옥스퍼드

oxidant - 옥시던트

oximeter - 옥시미터

oxine - 옥신

oxonium - 옥소늄

oxydol - 옥시돌

oxyhemoglobin - 옥시헤모글로빈

oxytetracycline - 옥시테트라
사이클린

oxytocin - 옥시토신

oyster drill - 오이스터드릴

ozone - 오존

ozonide - 오조니드

P

P/p - 피

paca - 파카

pace - 페이스

pacemaker - 페이스메이커

pacific - 퍼시픽

pack - 팩

package - 패키지

packet - 패킷

packing - 패킹

pad - 패드

padder - 패더

padding - 패딩

paddle - 패들

paddock - 패덕

page - 페이지

pageant - 패전트

pagoda - 파고다

paint - 페인트

pair - 페어

pairring - 페어링

palace crape - 팰리스 크레이프

palazzo - 팔라초

palette - 팔레트

pall - 폴

palladium - 팔라듐

pallet - 팰릿

palm - 팜

palmer - 파머

palmette - 팔메트

pamphlet - 팸플릿

pan - 팬

panamax - 파나맥스

panavision - 파나비전

pancake - 팬케이크

pancho - 판초

panchromatic film - 팬크로
매틱 필름

pancration - 판크라티온

pancreatin - 판크레아틴

pancreozymin - 판크레오지민

panda - 판다

Pandanus - 판다누스

Pandora - 판도라

panel - 패널

panelist - 패널리스트

panettone - 파네토네

panic sale - 패닉 세일

panning - 패닝

panorama - 파노라마

panpipe - 팬파이프

pansy - 팬지

pantagraph - 팬터그래프

pantalon - 판탈롱

panta rhei - 판타 레이

Pantheon - 판테온

pantie girdle - 팬티거들

panting - 팬팅

pantograph - 팬터그래프

pantomime - 팬터마임

pants - 팬츠

panty stocking - 팬티스타킹

papain - 파파인

Paparazzi - 파파라치

paper - 페이퍼

paperback - 페이퍼백

papier collé - 파피에 콜레

papyrus - 파피루스

paraacetaldehyde - 파라아세트
알데히드

parabola - 파라볼라

parade - 퍼레이드

paradigm - 패러다임

paradise - 파라다이스

paradox - 패러독스

paraffin - 파라핀

paraformaldehyde - 파라포름
알데히드

paraglider - 패러글라이더

parahormone - 파라호르몬

parallelism - 패럴렐리즘

Paralympic - 파랄림픽

paramotor - 패러모터

parapet - 패러핏

paraphase - 패러페이스

paraphrase - 패러프레이즈

paraquat - 패러쾃

parasol - 파라솔

Parathion - 파라티온

para-toner - 파라토너

parcelling - 파슬링

parchment - 파치먼트
pareto - 파레토
parfait - 파르페
parity - 패리티
parka - 파카
parking - 파킹
parmalee wrench - 파말리 렌치
parody - 패러디
parole - 파롤
parotin - 파로틴
parsec - 파섹
Parsee - 파시
parsi - 파르시
parsley - 파슬리
Parthenon - 파르테논
partition - 파티션
partizan - 빨치산
partner - 파트너
parton - 파톤
part time - 파트타임
party - 파티
pascal - 파스칼
pasha - 파샤
PASKYULA - 파스큘라
pass - 패스
passage - 파사주

passimeter - 패시미터
passing shot - 패싱샷
passion - 파시옹
passion - 패션
passport - 패스포트
password - 패스워드
paste - 페이스트
pastel - 파스텔
pastry - 페이스트리
pat - 패트
patch - 패치
patchouli - 파촐리
patchwork - 패치워크
paternalism - 퍼터널리즘
path - 패스
pathetic drama - 퍼데틱 드라마
pathos - 파토스
patrie - 파트리
Patriot - 패트리엇
patrol - 패트롤
pattern - 패턴
patulin - 파툴린
pause - 포즈
pavement - 페이브먼트
pawl - 폴
Pax Romana - 팍스 로마나

payload - 페이로드
Pazyryk - 파지리크
pea coat - 피코트
peacock - 피콕
peak - 피크
peak time - 피크 타임
pearl - 펄
pearlite - 펄라이트
peasant blouse - 페전트블라우스
peasant shirt - 페전트셔츠
peasant skirts- 페전트스커트
peat - 피트
peccary - 페커리
pechka- 페치카
pectin - 펙틴
pedal - 페달
pedophillia - 페도필리아
peeler - 필러
peeler gauge - 필러 게이지
peeling - 필링
peening - 피닝
peg - 펙
Pegasus - 페가수스
pelican - 펠리컨
pellet - 펠릿
pelletizing - 펠레타이징

pelt - 펠트
pen - 펜
penalty - 페널티
penalty area - 페널티 에어리어
penalty kick - 페널티 킥
pence - 펜스
pencil - 펜슬
PEN club - 펜클럽
pen computer - 펜컴퓨터
pendant - 펜던트
penguin - 펭귄
penicillin - 페니실린
penicillin shock - 페니실린 쇼크
pen knife - 펜나이프
pen name - 펜네임
pennant - 페넌트
penny paper - 페니페이퍼
pennyweight - 페니웨이트
pen pal - 펜팔
penta - 펜타
Pentagon - 펜타곤
pentagraph - 펜타그래프
pentaminum - 펜타민
pentaprism - 펜타프리즘
pentyl - 펜틸
peony - 피어니

peppermint - 페퍼민트
pepsin - 펩신
peptide - 펩티드
Peptidoglycan - 펩티도글리칸
peptone - 펩톤
percent - 퍼센트
percentage - 퍼센티지
percussion - 퍼커션
perestroika - 페레스트로이카
perfect - 퍼펙트
perforation - 퍼포레이션
performance - 퍼포먼스
perimeter - 페리미터
period - 피리어드
perioecoe - 페리오이코이
perm - 펌름
Permalloy - 퍼멀로이
permanent - 퍼머넌트
permill - 퍼밀
permutation - 퍼뮤테이션
persona - 페르소나
personal - 퍼스널
personal foul - 퍼스널 파울
perthite - 퍼사이트
pesante - 페잔테
peseta - 페세타

peso - 페소
pessary - 페서리
pessimism - 페시미즘
pest - 페스트
peta - 페타
Petrushka - 페트루슈카
petticoat - 페티코트
petting - 페팅
pewter - 퓨터
pH - 페하
phaeton - 페이튼
phage - 파지
Phags-pa - 파스파
Phantasie - 판타지
Phantom - 팬텀
Pharaoh - 파라오
phasor diagram - 페이저 다이어그램
phenacetin - 페나세틴
phenakite - 페나카이트
phenazine - 페나진
phenol - 페놀
phenolphthalein - 페놀프탈레인
phenyl - 페닐
phenylalanine - 페닐알라닌
phenytoin - 페니토인

pheromone - 페로몬

phi(∅) - 피

philharmonic - 필하모닉

philhellenism - 필헬레니즘

philia - 필리아

Philopon - 필로폰

phlox - 플록스

phoenix - 피닉스

phon - 폰

phone banking - 폰뱅킹

phone meter - 폰미터

phonolite - 포놀라이트

phosphagen - 포스파겐

phosphine - 포스핀

phot - 포트

photo - 포토

photocell - 포토셀

photodiode - 포토다이오드

photoetching - 포토에칭

photofabrication - 포토패브리
케이션

photogram - 포토그램

photomap - 포토맵

photoplay - 포토플레이

phototransistor - 포토트랜지스터

phototype - 포토타이프

phrase - 프레이즈

phycocyan - 피코시안

Physica - 피시카

physis - 피시스

phytol - 피톨

phytoncide - 파이톤사이드

pianissimo - 피아니시모

pianist - 피아니스트

piano - 피아노

pianoforte - 피아노포르테

picaresque - 피카레스크

piccolo - 피콜로

pick - 픽

picket - 피켓

picketing - 피케팅

picking plate - 피킹 플레이트

pickle - 피클

pickup - 픽업

picnic - 피크닉

pico - 피코

picofarad - 피코패럿

picoline - 피콜린

pictogram - 픽토그램

picul - 피컬

pie - 파이

piece - 피스

pier - 피어

pinhole - 핀홀

piercing - 피어싱

pinion - 피니언

pierrot - 피에로

pink - 핑크

Pietism - 파이어티즘

pinnace - 피니스

Pietà - 피에타

pinnacle - 피너클

piezo - 피에조

Pinocchio - 피노키오

pig - 피그

pintle - 핀틀

pigment - 피그먼트

pion - 파이온

pilaster - 필라스터

pipe - 파이프

pile - 파일

pipeline - 파이프라인

pilgrim - 필그림

piperazine - 피페라진

pill - 필

pipe-still - 파이프스틸

pillow - 필로

pipette - 피펫

pilocarpine - 필로카르핀

piping - 파이핑

pilot - 파일럿

piqué - 피케

pilotis - 필로티

pirn - 펀

piment - 피망

pistol - 피스톨

PIMFY - 핌피

piston - 피스톤

pin - 핀

pit - 피트

pinball - 핀볼

pitch - 피치

pinboard - 핀보드

pitcher - 피처

pincers - 펜치

pitchout - 피치아웃

pincette - 핀셋

pitch-stone - 피치스톤

pinch - 핀치

pith - 피스

pinchcock - 핀치콕

Pithecanthropus - 피테칸트로푸스

ping-pong - 핑퐁

pitman - 피트먼

piva - 피바

pivot - 피벗

pixel - 픽셀

pizza - 피자

pizzicato - 피치카토

più - 피우

placard - 플래카드

place - 플레이스

placode - 플라코드

plan - 플랜

plane - 플레인

planimeter - 플래니미터

plankton - 플랑크톤

plant - 플랜트

plantation - 플랜테이션

plask - 플라스크

plasma - 플라스마

plasmagene - 플라스마진

plasmid - 플라스미드

plasmin - 플라스민

plaster - 플라스터

plastic - 플라스틱

plastoquinone - 플라스토퀴논

platanus - 플라타너스

plate - 플레이트

plateau - 플래토

platform - 플랫폼

platforming - 플랫포밍

platina - 플래티나

platinite - 플라티나이트

platinoid - 플라티노이드

platonic love - 플라토닉 러브

Platonism - 플라토니즘

platter - 플래터

play - 플레이

playback - 플레이백

playboy - 플레이보이

play-off - 플레이오프

pleat - 플리트

pleats - 플리츠

plebiscite - 플레비사이트

plebs - 플레브스

plectrum - 플렉트럼

pliers - 플라이어

plot - 플롯

plotter - 플로터

plug - 플러그

plug in - 플러그 인

plum - 플럼

plumbicon 플- 럼비콘

plunge - 플런지

plunger - 플런저

plus - 플러스

plush - 플러시

plutonium - 플루토늄

plyer - 플라이어

poacher - 포처

pocket - 포켓

pocketball - 포켓볼

pocket book - 포켓북

poco - 포코

pod - 포드

poidmeter - 포이드미터

poiesis - 포이에시스

point - 포인트

pointillisme - 푸앵티이슴

pointing vector - 포인팅 벡터

point-to-back - 포인트투백

point-to-point - 포인트투포인트

poise - 푸아즈

Pokemon - 포케몬

poker - 포커

poker face - 포커페이스

polar diagram - 폴러 다이어
그램

polar front - 폴러 프런트

Polaris - 폴라리스

polarography - 폴라로그래피

Polaroid - 폴라로이드

polder - 폴더

pole - 폴

policeman - 폴리스맨

Polije - 폴리예

poling - 폴링

polio - 폴리오

poliovirus - 폴리오바이러스

polis - 폴리스

polish remover - 폴리시리무버

Polivision - 폴리비전

polka - 폴카

polling - 폴링

polly - 폴리

polo - 폴로

polonaise - 폴로네즈

polonium - 폴로늄

polo shirts - 폴로셔츠

polyacrylonitrile - 폴리아크릴
로니트릴

polyamide - 폴리아미드

polycentrism - 폴리센트리즘

polyethylene - 폴리에틸렌

polygraph - 폴리그래프

polymer - 폴리머

polymeter - 폴리미터

Polyot - 폴료트
polyp - 폴립
polypeptide - 폴리펩티드
polypropylene - 폴리프로필렌
polystyrene - 폴리스티렌
polytechnism - 폴리테크니즘
polytropic - 폴리트로픽
polyurethane - 폴리우레탄
pomade - 포마드
pomato - 포마토
poncho - 판초
pontoon - 폰툰
ponytail - 포니테일
pool - 풀
pop - 팝
pop art - 팝 아트
popcorn - 팝콘
pope - 포프
pop fly - 팝 플라이
pop jazz - 팝 재즈
poplar - 포플러
pop music - 팝 뮤직
poppet - 포핏
pop song - 팝송
populisme - 포퓔리슴
pork - 포크

pork cutlet - 포크커틀릿
pork loin - 포크 로인
pornography - 포르노그래퍼
porphine - 포르핀

Q

Q/q - 큐
qāḍī - 카디
qanāt - 카나트
qānūn - 카눈
qaṣba - 카스바
qiblah - 키블라
qiyām - 키얌
qorbān - 고르반
QSTOL - 큐스톨
quad - 쿼드
quadrant - 쿼드런트
quadrille - 카드리유
quadruple block - 쿼드러플 블록
Quafir - 콰피르
Quaker - 퀘이커
quantum - 콴툼
quark - 쿼크

quarry - 쿼리
quarter - 쿼터
quarterback - 쿼터백
quartette - 콰르텟
quasar - 퀘이사
quasi - 콰시
quatrain - 쿼트레인
quebracho - 케브라초
Quechua - 케추아
queen - 퀸
quena - 케나
quick - 퀵
quick-change - 퀵체인지
quick-set ink - 퀵세트 잉크
quickstep - 퀵스텝
quilting - 퀼팅
quinaldine - 퀴날딘
quinhydrone - 퀸히드론
quinidine - 퀴니딘
quinine - 퀴닌
quinoid - 퀴노이드
quinoline - 퀴놀린
quinone - 퀴논
quinquina - 킨키나
quintal - 퀸틀
quintet - 퀸텟

quiz - 퀴즈
quiétisme - 퀴에티슴
Quonset - 퀀셋
quota - 쿼터
Quo Vadis - 쿠오 바디스
Quraysh - 쿠라이시
qurān - 쿠란

R

R/r - 아르
rabbit antenna - 래빗 안테나
rabboni - 라보니
rabbī - 랍비
rabeca - 라베카
rabāb - 라바브
race - 레이스
racer - 레이서
raceway - 레이스웨이
rack - 랙
racket - 라켓
rack gear - 랙 기어
racking - 래킹

racon - 레이콘
rad - 래드
radar - 레이더
radarsonde - 레이더존데
radial - 레이디얼
radian - 라디안
radiation - 라디에이션
radiator - 라디에이터
radical - 라디칼
radio - 라디오
radioautography - 라디오오토
그래피
radiogram - 라디오그램
radio ham - 라디오햄
radioisotope - 라디오아이소토프
radiometer - 라디오미터
radiophone - 라디오폰
radish - 래디시
radium - 라듐
radius - 라디우스
radome - 레이돔
radon - 라돈
Raeti - 라에티
rāga - 라가
ragtime - 래그타임
Rahmen - 라멘

rail - 레일
raincoat - 레인코트
raise - 레이즈
rake - 레이크
rally - 랠리
RAM - 램
Ramaḍān - 라마단
Rambouillet - 랑부예
ramjet - 램제트
rammer - 래머
ramp - 램프
rampway - 램프웨이
Ramsar - 람사르
ranat - 라나트
rand - 랜드
random access - 랜덤 액세스
random sampling - 랜덤 샘플링
range - 레인지
ranger - 레인저
rank - 랭크
rankinite - 랭키나이트
ranāt - 라나트
rap - 랩
RAPCON - 랍콘
rapier - 레이피어
rap music - 랩뮤직

rapping - 래핑
rapport - 라포르
RAS - 래스
raser - 레이저
Rasūl - 라술
ratchet - 래칫
rate - 레이트
rattle - 래틀
ravioli - 라비올리
rawin - 레이윈
rawinsonde - 레이윈존데
rayon - 레이온
rayon pulp - 레이온 펄프
raytracing - 레이트레이싱
Re - 레
reach - 리치
reactance - 리액턴스
reactor - 리액터
reader - 리더
readiness - 레디니스
ready go - 레디고
ready-made - 레디메이드
Reaganomics - 레이거노믹스
real - 리얼
realism - 리얼리즘
reality - 리얼리티

ream - 림
reamer - 리머
reaper - 리퍼
rear - 리어
rear car - 리어카
rebate - 리베이트
rebooting - 리부팅
rebound - 리바운드
recall - 리콜
receive - 리시브
receiver - 리시버
receptacle - 리셉터클
receptible - 리셉터블
reception - 리셉션
recess - 리세스
recital - 리사이틀
record - 레코드
recorder - 리코더
recording - 리코딩
record player - 레코드플레이어
recovery shot - 리커버리 숏
recreation - 레크리에이션
recruit - 리크루트
recuperator - 리큐퍼레이터
recurve - 리커브
recycling - 리사이클링

red - 레드
red card - 레드카드
red clover - 레드 클로버
redia - 레디아
reducer - 리듀서
redwood - 레드우드
reed - 리드
reefing - 리핑
reel - 릴
reengineering - 리엔지니어링
referee - 레퍼리
refill - 리필
reflash - 리플래시
reflation - 리플레이션
reflector - 리플렉터
reflex - 리플렉스
reforming - 리포밍
refrain - 리프레인
regency - 리전시
regent - 리젠트
reggae - 레게
regionalism - 리저널리즘
register - 레지스터
registration - 레지스트레이션
regular - 레귤러
regular coffee - 레귤러커피

regulator - 레귤레이터
rehabilitation - 리허빌리테이션
rehearsal - 리허설
reject - 리젝트
reji - 레지
relay - 릴레이
release - 릴리스
relief - 릴리프
religiopolitics - 렐리지오폴리틱스
rem - 렘
remain - 리메인
remake - 리메이크
remicon - 레미콘
remolding - 리몰딩
remote control - 리모트 컨트롤
remover - 리무버
Renaissance - 르네상스
rendering - 렌더링
rendez-vous - 랑데부
rennet - 레닛
renogram - 레노그램
rent-a-car - 렌터카
René - 르네
rep - 렙
repeat - 리피트
repeller - 리펠러

repertory - 레퍼토리

replica - 레플리카

report - 리포트

reportage - 르포/르포르타주

reporter - 리포터

repression - 리프레션

reproduction - 리프러덕션

requiem - 레퀴엠

research - 리서치

reservation - 레저베이션

reserve - 리저브

reset - 리셋

resident - 레지던트

resilience - 리질리언스

resin - 레진

résistance - 레지스탕스

resistate - 레지스테이트

resol - 레졸

resort - 리조트

ressentiment - 르상티망

rest - 레스트

restaurant - 레스토랑

retainer - 리테이너

retinol - 레티놀

retort - 레토르트

retouch - 리터치

retrovirus - 레트로바이러스

return - 리턴

Reuters - 로이터

reversal - 리버설

reverse - 리버스

revival - 리바이벌

revolver - 리볼버

revue - 레뷰

rhapsody - 랩소디

Rhea - 레아

rhenium - 레늄

rheology - 리올로지

rhetoric - 레토릭

rheumatism - 류머티즘

rhinovirus - 리노바이러스

rhizopus - 리조푸스

rhm - 럼

rho(ρ) - 로

rhodanthe - 로단테

Rhodesia - 로디지아

Rhodium - 로듐

rhyme - 라임

rhythm - 리듬

rhythmical - 리드미컬

rib - 리브

ribbon - 리본

riboflavin - 리보플래빈

rice - 라이스

rice paper - 라이스페이퍼

ricercare - 리체르카레

Richter - 리히터

ricin - 리신

rider - 라이더

ridge reamer - 리지 리머

rifampicin - 리팜피신

rifamycin - 리파마이신

riff - 리프

riffle - 리플

rifle - 라이플

rig - 리그

rigging - 리깅

right - 라이트

Rigoletto - 리골레토

rim - 림

rimmed - 림드

rimming - 리밍

ring - 링

ring burner - 링버너

ringer - 링어

ring gear - 링 기어

ring name - 링네임

rink - 링크

rinse - 린스

rip - 립

riposte - 리포스트

ripper - 리퍼

ripple - 리플

rise - 라이즈

riser - 라이저

risotto - 리소토

rival - 라이벌

rivalta - 리발타

rivet - 리벳

riveting - 리베팅

road heating - 로드 히팅

road racer - 로드레이서

road show - 로드 쇼

roadster - 로드스터

roast - 로스트

roast beef - 로스트비프

roaster - 로스터

robe - 로브

robolution - 로볼루션

robot - 로봇

robotology - 로보톨로지

rock - 록

rock'n'roll - 로큰롤

rockabilly - 로커빌리

rock café - 록카페

rocker arm - 로커 암

rocket - 로켓

rocking - 로킹

rococo - 로코코

rod - 로드

rod end - 로드 엔드

rodeo - 로데오

rod mill - 로드 밀

role-playing - 롤플레잉

Rolex - 롤렉스

roll - 롤

roller - 롤러

roller coaster - 롤러코스터

roller skate - 롤러스케이트

roll-in - 롤인

Rolls-Royce - 롤스로이스

ROM - 롬

roman - 로망

romance - 로맨스

Romanesque - 로마네스크

Romanist - 로마니스트

romantic - 로맨틱

romanticism - 로맨티시즘

romanticist - 로맨티시스트

Romeo - 로메오

roof - 루프

roofing - 루핑

roommate - 룸메이트

room salon - 룸살롱

room service - 룸서비스

root - 루트

rope - 로프

ropeway - 로프웨이

roping - 로핑

rosaniline - 로자닐린

rose - 로즈

roselle - 로젤

rosemary - 로즈메리

rosette - 로제트

rosin - 로진

rotary - 로터리

rotation - 로테이션

rotor - 로터

rouge - 루주

rough - 러프

rough paper - 러프페이퍼

roulette - 룰렛

round - 라운드

route - 루트

router - 루터

routine - 루틴

rove - 로브

rowan - 로언

rowing - 로잉

royal box - 로열박스

royal family - 로열패밀리

royal jelly - 로열 젤리

royalty - 로열티

rubber - 러버

rubidium - 루비듐

rubl - 루블

ruby - 루비

ruche - 루시

ruck - 럭

rucksack - 륙색

rudder - 러더

rudderpost - 러더포스트

rudderstock - 러더스톡

ruff - 러프

ruffle - 러플

rug - 러그

Rugby football - 럭비풋볼

rule - 룰

rum - 럼

rumba - 룸바

rumor - 루머

run - 런

rune - 룬

run-in - 런인

runner - 러너

running mate - 러닝메이트

running pass - 러닝 패스

running shirts - 러닝셔츠

running shoot - 러닝 슛

runout - 런아웃

rush - 러시

rush hour - 러시아워

rusk - 러스크

Ruskii - 로스케

russell - 러셀

Russian roulette - 러시안룰렛

rutherford - 러더퍼드

rutin - 루틴

S

S/s - 에스

saber - 세이버

sable - 세이블

sablé - 사블레

sabotage - 사보타주

sabre - 사브르

saccharin - 사카린

sack coat - 색코트

saddle - 새들

saddle bag - 새들백

saddle key - 새들 키

sadism - 사디즘

sadist - 사디스트

safari - 사파리

safe - 세이프

safety - 세이프티

safetyman - 세이프티맨

saffraan - 사프란

sag - 새그

sage - 세이지

sagging - 새깅

sailer - 세일러

sail hook - 세일 훅

sailing - 세일링

sailor collar - 세일러 칼라

sailor pants - 세일러팬츠

salad - 샐러드

salad dressing - 샐러드드레싱

salamander - 샐러맨더

salami - 살라미

salaried man - 샐러리맨

sale - 세일

sales - 세일즈

Salesio - 살레지오

salesman - 세일즈맨

salicin - 살리신

salmonella - 살모넬라

salon - 살롱

salpa - 살파

salsa - 살사

SALT - 솔트

salute - 설루트

salvage - 샐비지

salvia - 샐비어

samba - 삼바

sample - 샘플

sample card - 샘플카드

sample maker - 샘플 메이커

sampling - 샘플링

sandal - 샌들

sandbag - 샌드백

sandblast - 샌드블라스트

sander - 샌더

sandpaper - 샌드페이퍼

sandwich - 샌드위치

sandwich man - 샌드위치맨

sanforize - 샌퍼라이즈

saninism - 사니니즘

sank - 생크

Sanskrit - 산스크리트

Sanson - 상송

sans serif - 산세리프

Santa Claus - 산타클로스

Santa Lucia - 산타 루치아

Santa Maria - 산타 마리아

santonin - 산토닌

saponin - 사포닌

sapphire - 사파이어

sapphism - 사피즘

Saprolegnia - 사프롤레그니아

Saracen - 사라센

sardonyx - 사도닉스

sarong - 사롱

sash - 새시

Satan - 사탄

satin - 새틴

sauce - 소스

sauna - 사우나

sausage - 소시지

sauté - 소테

savage - 새비지

savanna - 사바나

save - 세이브

saw - 소

saxhorn - 색스혼

saxophone - 색소폰

scalar - 스칼라

scale - 스케일

scaling - 스케일링

scallop - 스캘럽

scandal - 스캔들

scandium - 스칸듐

scanner - 스캐너

scarf - 스카프

scarfing - 스카핑

scarlet oak - 스칼릿 오크

scat - 스캣

scenario - 시나리오

scene - 신

Schale - 샬레

Schanze - 샨체

schedule - 스케줄

schema - 스키마

schenk - 솅크

scherzando - 스케르찬도

schola - 스콜라

scholarship - 스칼러십

school bus - 스쿨버스

schooner - 스쿠너

scintillation - 신틸레이션

scoop - 스쿠프

scooper - 스쿠퍼

scooter - 스쿠터

scope - 스코프

score - 스코어

scoreboard - 스코어보드

scorebook - 스코어북

Scotch guard - 스코치 가드

Scotchlite - 스카치라이트

Scotch tape - 스카치테이프

Scotch whisky - 스카치위스키

scout - 스카우트

scramble - 스크램블

scrambler - 스크램블러

scrap - 스크랩

scrapbook - 스크랩북

scraper - 스크레이퍼

scratch - 스크래치

screech - 스크리치

screen - 스크린

screening - 스크리닝

screen quota - 스크린 쿼터

screw - 스크루

screwdriver - 스크루드라이버

screw jack - 스크루 잭

scriber - 스크라이버

scrip - 스크립

script - 스크립트

scripter - 스크립터

scroll - 스크롤

scroll bar - 스크롤바

scrubber - 스크러버

scrum - 스크럼

scuba - 스쿠버

scuff - 스커프

scyphistoma - 스키피스토마

seal - 실

sealed - 실드

sealing - 실링

seam - 심

seamer - 시머

search - 서치

searchlight - 서치라이트

season - 시즌

seat - 시트

sec - 세크

SECAM - 세캄

secant - 시컨트

secco - 세코

secession - 시세션

second - 세컨드

secret block - 시크릿 블록

section - 섹션

sectionalizer - 섹셔널라이저

sector - 섹터

security system - 시큐리티
시스템

sedan - 세단

seed - 시드

seesaw - 시소

segment - 세그먼트

segmentation - 세그먼테이션

segno - 세뇨

seif - 세이프

Seil - 자일

select - 실렉트

selection - 실렉션

selenium - 셀레늄

self - 셀프

self-care - 셀프케어

self-cocking - 셀프코킹

self-control - 셀프컨트롤

self-service - 셀프서비스

self-timer - 셀프타이머

semantics - 시맨틱스

semicolon - 세미콜론

semifinal - 세미파이널

semihard - 세미하드

semimetal - 세미메탈

seminar - 세미나

semi-professional - 세미프로
페셔널

sender - 센더

senior - 시니어

sensation - 센세이션

sense - 센스

sensibile - 센시빌레

sensor - 센서

sentence - 센텐스

sentimental - 센티멘털

senza replica - 센차 레플리카

sepaktakraw - 세팍타크로

separates - 세퍼레이츠

sepia - 세피아

sequence - 시퀀스

serenade - 세레나데

serge - 서지

serial - 시리얼

series - 시리즈

serif - 세리프

serine - 세린

serve - 서브

service - 서비스

servo - 서보
servomotor - 서보모터
set - 세트
setback - 세트백
set play - 세트 플레이
setscrew - 세트스크루
setting - 세팅
settlement - 세틀먼트
settop box - 셋톱 박스
setup - 세트업
seven - 세븐
sex-appeal - 섹스어필
sexy - 섹시
shackle - 섀클
shad - 섀드
shade - 셰이드
shadow - 섀도
shadow-boxing - 섀도복싱
shadow cabinet - 섀도 캐비닛
shadow work - 섀도워크
shaft - 샤프트
shag - 섀그
shake-hand - 셰이크핸드
shaker - 셰이커
shaman - 샤먼
shamanism - 샤머니즘

shampoo - 샴푸
shank - 섕크
shaper - 셰이퍼
share - 셰어
sharp - 샤프
sharp pencil - 샤프펜슬
shawl - 숄
shawl collar - 숄칼라
shear - 시어
sheepshank - 시프섕크
sheer - 시어
sheet - 시트
shell - 셸
shepherd - 셰퍼드
sherbet - 셔벗
Sherpa - 셰르파
shield - 실드
shift - 시프트
shifter fork - 시프터 포크
shift lever - 시프트 레버
shilling - 실링
shim - 심
shimmy damper - 시미 댐퍼
ship - 십
shirt blouse - 셔츠블라우스
shirts - 셔츠

shock - 쇼크

shoe - 슈

shoes - 슈즈

shoot - 슈트

shoot - 슛

shopping - 쇼핑

shopping bag - 쇼핑백

shopping center - 쇼핑센터

short - 쇼트

short blast - 쇼트 블라스트

short cut - 쇼트커트

shortening - 쇼트닝

shorthorn - 쇼트혼

short pass - 쇼트 패스

shorts - 쇼츠

short time - 쇼트타임

short track - 쇼트 트랙

shot - 샷

shot - 숏

shotblast - 숏블라스트

shoulder - 숄더

shoulder bag - 숄더백

shovel - 셔블

show - 쇼

showcase - 쇼케이스

shower - 샤워

showgirl - 쇼걸

showmanship - 쇼맨십

show window - 쇼윈도

shroud - 슈라우드

shutout - 셧아웃

shutter - 셔터

shuttle - 셔틀

shuttle bus - 셔틀버스

shuttlecock - 셔틀콕

side - 사이드

side brake - 사이드 브레이크

sidecar - 사이드카

sideline - 사이드라인

sidestroke - 사이드스트로크

sigma(σ) - 시그마

sign - 사인

signal - 시그널

sign book - 사인북

signifiant - 시니피앙

sign pen - 사인펜

silage - 사일리지

silent chain - 사일런트 체인

silhouette - 실루엣

silica - 실리카

silicon valley - 실리콘 밸리

silk - 실크

Silk Road - 실크 로드

silk wool - 실크울

silo - 사일로

silt - 실트

silver - 실버

silver screen - 실버 스크린

silver town - 실버타운

sim - 심

simplex - 심플렉스

simulation - 시뮬레이션

simulcast - 사이멀캐스트

sine - 사인

single - 싱글

single bed - 싱글베드

single round - 싱글 라운드

sink - 싱크

sinker - 싱커

siphon - 사이펀

siren - 사이렌

sirup - 시럽

sitcom - 시트콤

situation - 시추에이션

size - 사이즈

skate - 스케이트

skateboard - 스케이트보드

skeet - 스키트

sketch - 스케치

sketchbook - 스케치북

sketch map - 스케치 맵

ski - 스키

skid - 스키드

skill - 스킬

skillet - 스킬릿

skin - 스킨

skin diving - 스킨 다이빙

skin lotion - 스킨로션

skinship - 스킨십

skip - 스킵

skipping step - 스키핑 스텝

skirt - 스커트

skit - 스킷

skit mark - 스킷 마크

skunk - 스컹크

skydiver - 스카이다이버

skyline - 스카이라인

sky lounge - 스카이라운지

skyway - 스카이웨이

slab - 슬래브

slack - 슬랙

slag - 슬래그

slash - 슬래시

slat - 슬랫

slate - 슬레이트

sleave - 슬리브

sledge - 슬레지

sleeping bag - 슬리핑 백

sleeve - 슬리브

slice - 슬라이스

slide - 슬라이드

slim skirt - 슬림스커트

slip - 슬립

slip down - 슬립 다운

slipper - 슬리퍼

slit - 슬릿

slogan - 슬로건

sloop - 슬루프

slot - 슬롯

slot flap - 슬롯 플랩

slot machine - 슬롯머신

slow motion - 슬로 모션

slow video - 슬로비디오

slub - 슬러브

sludge - 슬러지

slug - 슬러그

slump - 슬럼프

slurry - 슬러리

smart - 스마트

smash - 스매시

smocking - 스모킹

smog - 스모그

smoke - 스모크

smooth - 스무드

snack - 스낵

snack bar - 스낵바

snap - 스냅

snatch - 스내치

snowboard - 스노보드

snowmobile - 스노모빌

snow tire - 스노 타이어

soboro - 소보로

socket - 소켓

soda - 소다

sodium - 소듐

sofa - 소파

sofeggio - 솔페지오

soft - 소프트

softball - 소프트볼

soft collar - 소프트칼라

soft cream - 소프트크림

soft lens - 소프트 렌즈

soft loan - 소프트 론

softnomics - 소프트노믹스

software - 소프트웨어

solanine - 솔라닌

solder - 솔더

sole - 솔

solenoid - 솔레노이드

solid - 솔리드

solipsism - 솔립시즘

solo - 솔로

soluble - 솔류블

solution - 설루션

solvent - 솔벤트

SONAR - 소나

sonata - 소나타

Sonde - 존데

sonic art - 소닉 아트

sonnet - 소네트

sonograph - 소노그래프

sonometer - 소노미터

sophia - 소피아

sophist - 소피스트

soprano - 소프라노

sorbite - 소르바이트

sorbitol - 소르비톨

sort - 소트

soul music - 솔 뮤직

sound - 사운드

sound-board - 사운드보드

sound-box - 사운드박스

sound track - 사운드 트랙

soup - 수프

sour - 사워

source - 소스

sour cream - 사워크림

southpaw - 사우스포

space - 스페이스

space chamber - 스페이스 체임버

spade - 스페이드

spaghetti - 스파게티

span - 스팬

spandex - 스판덱스

spar - 스파

spare - 스페어

spare tire - 스페어타이어

spark - 스파크

sparring - 스파링

spatter - 스패터

speaker - 스피커

speakerphone - 스피커폰

spearmint - 스피어민트

special - 스페셜

specification - 스페시피케이션

spectacle - 스펙터클

spectroscope - 스펙트로스코프

spectrum - 스펙트럼

speculum - 스페큘럼

speed - 스피드

speed gun - 스피드 건

speed skating - 스피드 스케이팅

spell - 스펠

spence - 스펜스

spiccato - 스피카토

spider - 스파이더

T

T/t - 티

tab - 태브

table - 테이블

tablet - 태블릿

tabloid - 타블로이드

taboo - 터부

tackle - 태클

tael - 테일

tag - 태그

tag match - 태그 매치

tailgate - 테일게이트

take-up - 테이크업

Taleban - 탈레반

talent - 탤런트

talk show - 토크 쇼

Talmud - 탈무드

tambourine - 탬버린

tamper - 탬퍼

Tampon - 탐폰

tandem - 탠덤

tangent - 탄젠트

tango - 탱고

tank lorry - 탱크로리

tannin - 타닌

tap - 탭

tap dance - 탭 댄스

tape - 테이프

tapestry - 태피스트리

taphole - 탭홀

taping - 테이핑

tappet - 태핏

tar - 타르

target - 타깃

task force - 태스크 포스

Tatlinism - 타틀리니즘

tau(τ) - 타우

taurine - 타우린

tax - 택스

taxi - 택시
taximeter - 택시미터
tea - 티
tea bag - 티백
teak - 티크
team play - 팀플레이
team teaching - 팀 티칭
teamwork - 팀워크
teaspoon - 티스푼
teatime - 티타임
technic - 테크닉
technocracy - 테크노크라시
technocrat - 테크노크라트
techron - 테크론
tee - 티
teeing ground - 티 그라운드
tee shot - 티 샷
Teflon - 테플론
telecommunication - 텔레
커뮤니케이션
telefax - 텔레팩스
telegraph - 텔레그래프
telemarketing - 텔레마케팅
telepathy - 텔레파시
television - 텔레비전
telex - 텔렉스

tell - 텔
telnet - 텔넷
temper - 템퍼
tempering - 템퍼링
template - 템플릿
temple - 템플
tempo - 템포
tennis - 테니스
tenor - 테너
tensiometer - 텐시오미터
tension - 텐션
tent - 텐트
tephrochronology - 테프로크
로놀로지
tequila - 테킬라
terabyte - 테라바이트
terminal - 터미널
terrace house - 테라스 하우스
terra cotta - 테라 코타
Terramycin - 테라마이신
Territorium - 테리토리움
terror - 테러
terrorism - 테러리즘
terrorist - 테러리스트
test - 테스트
tester - 테스터

tetra - 테트라

tetrachloromethane - 테트라클로로메탄

tetron - 테트론

text - 텍스트

textile - 텍스타일

TGV - 테제베

theme - 테마

theodolite - 세오돌라이트

thermal black - 서멀 블랙

thermal switch - 서멀 스위치

thermistor - 서미스터

thermostat - 서모스탯

These - 테제

theta(θ) - 세타

thiamine - 티아민

thimble - 심블

thinner - 시너

thio - 티오

thorite - 토라이트

thorium - 토륨

Thracia - 트라키아

thread - 스레드

three cushions - 스리 쿠션

three-feet line - 스리피트 라인

three-quarter - 스리쿼터

three-step - 스리스텝

threonine - 트레오닌

thrill - 스릴

thriller - 스릴러

throttle - 스로틀

through pass - 스루 패스

throw - 스로

throw-in - 스로인

thrust - 스러스트

thymine - 티민

ticket - 티켓

tie break - 타이 브레이크

tie rod - 타이 로드

tight - 타이트

tights - 타이츠

tilapia - 틸라피아

tile - 타일

time - 타임

time capsule - 타임캡슐

time chart - 타임 차트

time end - 타임엔드

time machine - 타임머신

time-out - 타임아웃

timer - 타이머

time switch - 타임스위치

timing - 타이밍

tip - 팁

tipping - 티핑

tippler - 티플러

tire - 타이어

tirol - 티롤

tissue - 티슈

Titanic - 타이타닉

titanium - 티타늄

title back - 타이틀백

title match - 타이틀 매치

Titoism - 티토이즘

toast - 토스트

tobralco - 토브랄코

tochka - 토치카

tocopherol - 토코페롤

toe - 토

TOEFL - 토플

TOEIC - 토익

toe-in - 토인

toe-out - 토아웃

toga - 토가

toggle switch - 토글스위치

token - 토큰

tollgate - 톨게이트

toluene - 톨루엔

tomahawk - 토마호크

tomato ketchup - 토마토케첩

tomato sauce - 토마토소스

ton - 톤

toner - 토너

tonic - 토닉

top class - 톱클래스

top-down - 톱다운

topic - 토픽

top news - 톱뉴스

topology - 토폴로지

topping - 토핑

top star - 톱스타

toque - 토크

torch lamp - 토치램프

torch song - 토치 송

tornado - 토네이도

torque wrench - 토크 렌치

torr - 토르

Tosca - 토스카

toss - 토스

tosto - 토스토

total - 토털

totem - 토템

totemism - 토테미즘

touch - 터치

touchdown - 터치다운

touchline - 터치라인
touch out - 터치아웃
touchscreen - 터치스크린
tournament - 토너먼트
tow - 토
towel - 타월
tower - 타워
tower crane - 타워 크레인
town house - 타운 하우스
trace - 트레이스
trachoma - 트라코마
tracing paper - 트레이싱 페이퍼
track - 트랙
tracking - 트래킹
tractor - 트랙터
trade - 트레이드
traffic - 트래픽
trailer - 트레일러
train - 트레인
trainer - 트레이너
trance - 트랜스
transaction - 트랜잭션
transducer - 트랜스듀서
transfer - 트랜스퍼
transistor - 트랜지스터
transit - 트랜싯

translator - 트랜슬레이터
transmission - 트랜스미션
transverse - 트랜스버스
trap - 트랩
trapping - 트래핑
traveller - 트래블러
traverse - 트래버스
trawl winch - 트롤 윈치
tray - 트레이
tread - 트레드
tree - 트리
trench - 트렌치
trenching - 트렌칭
trendy drama - 트렌디드라마
triangle - 트라이앵글
triathlon - 트라이애슬론
triceratops - 트리케라톱스
trichlene - 트리클렌
trichloromethane - 트리클로
로메탄
tricing - 트라이싱
trick - 트릭
trigger - 트리거
triglyceride - 트리글리세리드
trill - 트릴
trim - 트림

trio - 트리오

trip - 트립

triple play - 트리플 플레이

triplet - 트리플렛

troche - 트로키

trochoid - 트로코이드

trochophora - 트로코포라

troika - 트로이카

troll - 트롤

trolley bus - 트롤리버스

trolling - 트롤링

trombone - 트롬본

trophy - 트로피

trot - 트로트

trot - 트롯

trouble - 트러블

truck - 트럭

trump - 트럼프

trumpet - 트럼펫

trunk - 트렁크

trust - 트러스트

try - 트라이

trypsin - 트립신

tryptophan - 트립토판

tube - 튜브

tubular silhouette - 튜뷸러 실루엣

tubulin - 튜불린

tuck - 턱

tulip - 튤립

tumble - 텀블

tumbler switch - 텀블러스위치

tumbling - 텀블링

tundra - 툰드라

tuner - 튜너

tungsten - 텅스텐

tunic - 튜닉

tunnel - 터널

turban - 터번

turbine - 터빈

turbofan - 터보팬

turbojet - 터보제트

U

U/u - 유

Uighur - 위구르

uintatherium - 윈타테륨

uklad - 우클라드

ukulele - 우쿨렐레

ulexite - 울렉사이트
ullage - 얼리지
ultisol - 얼티졸
ultra - 울트라
ultramarine - 울트라마린
Umayya mosque - 우마이야 모스크
umber - 엄버
Umlaut - 움라우트
umrah - 우무라
Umwelt - 움벨트
una corda - 우나 코르다
unanimisme - 위나니미슴
unbalance - 언밸런스
unbalance look - 언밸런스룩
uncut - 언커트
undecane - 운데칸
undecyl - 운데실
under - 언더
under blouse - 언더블라우스
undercoat - 언더코트
undercut - 언더컷
undercutting - 언더커팅
underframe - 언더프레임
underground - 언더그라운드
underhand - 언더핸드

underhand throw - 언더핸드 스로
under par - 언더 파
undershirt - 언더셔츠
undershoot - 언더슈트
undersize bearing - 언더사이즈 베어링
underspin - 언더스핀
underwear - 언더웨어
underwriter - 언더라이터
UNESCO - 유네스코
UNICEF - 유니세프
uniflow - 유니플로
uniform - 유니폼
unify - 유니파이
unijunction - 유니정크션
union - 유니언
Union Jack - 유니언 잭
Union Pacific - 유니언 퍼시픽
UNISCAN - 유니스칸
unisex - 유니섹스
unison - 유니슨
unit - 유닛
Unitarians - 유니테리언
unit cooler - 유닛 쿨러
unit injector - 유닛 인젝터

unit-load system - 유닛로드
시스템
universal bridge - 유니버설
브리지
universal calender - 유니버설
캘린더
universal joint - 유니버설
조인트
Universiade - 유니버시아드
university - 유니버시티
UNKRA - 운크라
unloader - 언로더
unplugged - 언플러그드
un poco - 운 포코
untied loan - 언타이드 론
Ununbium - 우눈븀
Ununnilium - 우누닐륨
Unununium - 우누누늄
up - 업
Upaniṣad - 우파니샤드
upas - 우파스
upgrade - 업그레이드
upload - 업로드
upper case - 어퍼 케이스
uppercut - 어퍼컷
uppercutter - 어퍼커터

upright - 업라이트
upset - 업셋
upsilon(υ) - 입실론
up style - 업스타일
uptake - 업테이크
uracil - 우라실
uralite - 우랄라이트
Ural kombinat - 우랄
콤비나트
Uran - 우란
uranin - 우라닌
uraninite - 우라니나이트
uranium - 우라늄
uranyl - 우라닐
urea - 우레아

V/v - 브이
vacance - 바캉스
vaccine - 백신
vacuum concrete - 배큐엄 콘
크리트
Vaishya - 바이샤

Vaiśesika - 바이세시카

valence - 베일런스

Valentine Day - 밸런타인데이

valeur - 발뢰르

valine - 발린

value - 밸류

valve - 밸브

valve box - 밸브 박스

valve lifter - 밸브 리프터

valve positioner - 밸브 포지셔너

valve refacer - 밸브 리페이서

valve seat - 밸브 시트

valve stem - 밸브 스템

valve trombone - 밸브 트롬본

VAN - 밴

vanadium - 바나듐

vanda - 반다

Vandal - 반달

vandalism - 반달리즘

vane - 베인

vane pump - 베인 펌프

Vanguard - 뱅가드

vanilla - 바닐라

vanilla essence - 바닐라 에센스

vanillin - 바닐린

vantage - 밴티지

vapor lock - 베이퍼 로크

var - 바

varactor - 버랙터

varactor diode - 버랙터
다이오드

variable condenser - 베리어블
콘덴서

variante - 바리안테

variation - 베리에이션

variation route - 베리에이션 루트

varicap - 배리캡

varicon - 바리콘

variety show - 버라이어티 쇼

variotin - 배리오틴

Variscan - 바리스칸

varistor - 배리스터

varnish - 바니시

varnishing - 바니싱

varsoviana - 바르소비아나

varsovienne - 바르소비엔

vaseline - 바셀린

vasopressin - 바소프레신

vat - 배트

vaterite - 바테라이트

Vatican - 바티칸

vatting - 배팅

vaudeville - 보드빌

vault - 볼트

Vector - 벡터

vectorscope - 벡터스코프

Vedanta - 베단타

Vedda - 베다

Vega - 베가

vein - 베인

velodrome - 벨로드롬

veludo - 비로드

velvet - 벨벳

veneer - 베니어

Venetian blind - 베니션
블라인드

Venetian red - 베니션 레드

vent - 벤트

ventilation - 벤틸레이션

venture - 벤처

venturimeter - 벤투리미터

veranda - 베란다

verapamil - 베라파밀

verbascum - 버배스컴

verbena - 버베나

verdoglobin - 베르도글로빈

verglas - 베르글라

verismo - 베리스모

vermiculite - 버미큘라이트

vermilion - 버밀리온

vermouth - 베르무트

vernal - 버널

vernalization - 버널리제이션

vernier calipers - 버니어 캘리
퍼스

vernonia - 베르노니아

version - 버전

vertical blind - 버티컬 블라인드

vertical cam - 버티컬 캠

vertisol - 버티졸

vessel - 베슬

vest - 베스트

vest sweater - 베스트스웨터

vetch - 베치

vétéran - 베테랑

vetiver - 베티베르

veto - 비토

Viagra - 비아그라

vial - 바이알

vibrante - 비브란테

vibraphone - 비브라폰

vibration - 바이브레이션

vibrato - 비브라토

vibrator - 바이브레이터

vibrio - 비브리오

vibrofloatation - 바이브로플
로테이션

vice - 바이스

Victorianism - 빅토리아니즘

victory - 빅토리

video - 비디오

video art - 비디오 아트

video camera - 비디오카메라

video cassette - 비디오카세트

video deck - 비디오 덱

videodisk - 비디오디스크

video game - 비디오 게임

video jockey - 비디오자키

videometer - 비디오미터

video movie - 비디오무비

video package - 비디오패키지

video tape - 비디오테이프

videotex - 비디오텍스

vidicon - 비디콘

Vienna coffee - 비엔나커피

Vienna sausage - 비엔나소시지

Vienna waltz - 비엔나 왈츠

view camera - 뷰카메라

viewdata - 뷰데이터

viewer - 뷰어

vigorosamente - 비고로사멘테

vigour - 비거

Viking - 바이킹

villa - 빌라

vimāna - 비마나

vinal - 바이날

vincristine - 빈크리스틴

vinegar - 비니거

vintage - 빈티지

viny house - 비닐하우스

vinyl acetal - 비닐 아세탈

vinyl acetate - 비닐 아세테이트

vinylidene - 비닐리덴

vinylite - 비닐라이트

vinylon - 비닐론

vinyon - 비니온

Viny-tile - 비니타일

vinā - 비나

viola - 비올라

violation - 바이얼레이션

violento - 비올렌토

violet - 바이올렛

violin - 바이올린

violinist - 바이올리니스트

violoncello - 비올론첼로

violone - 비올로네

viomycin - 바이오마이신
virial - 비리얼
viridian - 비리디언
viroid - 바이로이드
virtual call - 버추얼 콜
virus - 바이러스
visa - 비자
Visaya - 비사야
viscacha - 비스카차
viscaria - 비스카리아
viscose - 비스코스
viscose rayon - 비스코스 레이온
viscose sponge - 비스코스스펀지
vise - 바이스
vision - 비전
Vista Vision - 비스타 비전
visto - 비스토
visual - 비주얼
visual design - 비주얼 디자인
visual language - 비주얼랭귀지
Vita - 바이타
Vitaglass - 바이타글라스
vitalamp - 바이타램프
vitalism - 바이털리즘
vitalisme - 비탈리슴
Vitallium - 바이탈륨

vitallium - 비탈륨
vital sign - 바이털 사인
vitamin - 비타민
vitascope - 바이터스코프

W

W/w - 더블유
wafer - 웨이퍼
waffle - 와플
wagon - 왜건
waist - 웨이스트
waistline - 웨이스트라인
waiter - 웨이터
waiting - 웨이팅
waitress - 웨이트리스
wake - 웨이크
walkie-talkie - 워키토키
walking - 워킹
walkout - 워크아웃
walkover - 워크오버
waltz - 왈츠
wander - 원더
warder - 워더

warfarin - 와파린

warm booting - 웜부팅

warming-up - 워밍업

warm-up - 웜업

warp - 워프

warping - 워핑

warping end - 워핑 엔드

washer - 와셔

waste - 웨이스트

wasteball - 웨이스트볼

watch - 워치

waterbuck - 워터벅

water chute - 워터 슈트

water hazard - 워터 해저드

water spray - 워터 스프레이

waterway - 워터웨이

watt - 와트

wave - 웨이브

wax - 왁스

waxbill - 왁스빌

wearing - 웨어링

weave - 위브

weaving - 위빙

web - 웹

web beam - 웨브 빔

wedding dress - 웨딩드레스

wedge - 웨지

weeder - 위더

weight - 웨이트

weight training - 웨이트 트레이닝

weir - 위어

Weismannism - 바이스마니즘

well - 웰

well-done - 웰던

welt - 웰트

welter - 웰터

wet core - 웨트 코어

wet sump - 웨트 섬프

wet trapping - 웨트 트래핑

whaleboat - 훼일보트

wheel - 휠

wheel base - 휠베이스

wheelchair - 휠체어

wherry - 훼리

Whig - 휘그

whipper - 휘퍼

whippet - 휘핏

whipping - 휘핑

whirler - 휠러

whiskey - 위스키

whist - 휘스트

whistle - 휘슬
white board - 화이트보드
white-collar - 화이트칼라
whole - 홀
wicket - 위킷
wicketkeeper - 위킷키퍼
wide screen - 와이드 스크린
wife - 와이프
wild - 와일드
wild card - 와일드카드
wildcat - 와일드캣
winch - 윈치
winch man - 윈치맨
windbreaker - 윈드브레이커
winder - 와인더
winding - 와인딩
windlass - 윈들러스
window - 윈도
Windows 95 - 윈도 95
window-shopping - 윈도쇼핑
windsurfing - 윈드서핑

X/x - 엑스
Xanthen - 크산텐
Xanthin - 크산틴
Xanthogen - 크산토겐
xanthomycin - 크산토마이신
Xanthon - 크산톤
Xanthophyll - 크산토필
xenia - 크세니아
Xenon - 크세논
xenotime - 제노타임
xerogel - 크세로겔
xerography - 제로그래피
Xeromyces - 크세로미세스
Xerox - 제록스
Xerox journalism - 제록스 저널리즘
xi(ξ) - 크시
X-ray - 엑스레이
xylan - 크실란
xylene - 크실렌
Xylenol - 크실레놀
xylidine - 크실리딘
Xylol - 크실롤

Xylolemusk - 크실롤레무스크
xylophone - 실로폰
X-Y plotter - 엑스와이 플로터

Y

Y/y - 와이
yacht - 요트
yak - 야크
yam - 얌
Yankee - 양키
Yao - 야오
yard - 야드
yarn - 얀
yarovizatsiya - 야로비자치야
yawl - 욜
yearling - 이얼링
yeast - 이스트
yeast food - 이스트 푸드
Yellow Book - 옐로 북
yellowcake - 옐로케이크
yellow card - 옐로카드
yellow journalism - 옐로 저널리즘

yellow paper - 옐로 페이퍼
yeoman - 요먼
yes-man - 예스맨
Yiddish - 이디시
yield - 일드
yippie - 이피
ylem - 아일럼
yobel - 요벨
yodel - 요들
yodel song - 요들송
Yoga - 요가
yogurt - 요구르트
yohimbin - 요힘빈
yoke - 요크
yorkshire pudding - 요크셔푸딩
Yorkshire terrier - 요크셔테리어
Yoruba - 요루바
younger church - 영거 처치
youth hostel - 유스 호스텔
yoyo - 요요
ytterbium - 이테르븀
yttria - 이트리아
yttrium - 이트륨
yucca - 유카
Yukaghir - 유카기르
Yukawa - 유카와

yuppie - 여피
yurt - 유르트

Z

Z/z - 제트
Zabūr - 자부르
Zadruga - 자드루가
zakuska - 자쿠스카
zakāt - 자카트
Zama - 자마
zamboa - 자몽
zamindār - 자민다르
zapateado - 사파테아도
zap flap - 잽 플랩
Zapotec - 사포텍
Zarya - 자랴
zeaxanthin - 제아크산틴
zebra zone - 제브러 존
zebu - 제부
zein - 제인
zeloso - 젤로소
zemstvo - 젬스트보

zener diode - 제너 다이오드
Zenon - 제논
zeolite - 제올라이트
zero - 제로
zero game - 제로 게임
zero-sum - 제로섬
Zeus - 제우스
zidovudine - 지도부딘
Zigeunerweisen - 치고이너바이젠
Ziggurat - 지구라트
zigzag - 지그재그
zinc - 징크
zineb - 지네브
zingerone - 진제론
Zinjanthropus - 진잔트로푸스
zinkenite - 징케나이트
Zion - 시온
Zionism - 시오니즘
zipper - 지퍼
zircon - 지르콘
zirconia - 지르코니아
zirconium - 지르코늄
zoea - 조에아
zoetrope - 조이트로프
zoisite - 조이사이트

필요할 때 찾아보는 **교정·교열 안내서**

zone - 존

zone line - 존 라인

zoning - 조닝

zoom back - 줌 백

zoom in - 줌 인

zooming - 주밍

zoom lens - 줌 렌즈

zoom out - 줌 아웃

zoom up - 줌 업

Zoroaster - 조로아스터

Zulu - 줄루

Zunft - 춘프트

zunyite - 주니아이트

Zyclo - 치클로

Zyklus - 치클루스

zymogen - 지모겐

제5부

교정·교열에
도움이 되는 내용

📣)) 일러두기

[교정·교열에 도움이 되는 내용]은 국립국어원 자료, 한글문화연대 자료, 문화체육관광부
보도자료에서 발췌했다.

1. 표기상 틀리기 쉬운 어휘

틀린 표현 (비표준어)	맞는 표현 (표준어)	틀린 표현 (비표준어)	맞는 표현 (표준어)
가자미식혜	가자미식해	내노라하는	내로라하는
가정난	가정란	내딛었다	내디뎠다
갑짜기	갑자기	넉두리	넋두리
강남콩	강낭콩	널다랗다	널따랗다
개나리봇짐	괴나리봇짐	널판지	널빤지
개였다	개었다	넙적하다	넓적하다
거시키	거시기	누래지다	누레지다
고냉지	고랭지	누른밥	눌은밥
곰곰히	곰곰이	눈꼽	눈곱
곱배기	곱빼기	늑잠	늦잠
구두주걱	구둣주걱	늘리다	늘이다
구렛나루	구레나룻	늘으막/늙으막	늘그막
굼뱅이	굼벵이	늦깍이	늦깎이
깍둑이	깍두기	늦장	늑장
깔대기	깔때기	닥달하고	닦달하고
꺼림찍	꺼림칙	단촐하다	단출하다
끝발	끗발	더우기	더욱이
나루배	나룻배	덥수룩하다	텁수룩하다
나무래다	나무라다	덩더쿵	덩더꿍
나무래셨다	나무라셨다	덮혀	덮여
나지막히	나지막이	덮힌	덮인
남비	냄비	도르레	도르래

틀린 표현 (비표준어)	맞는 표현 (표준어)	틀린 표현 (비표준어)	맞는 표현 (표준어)
도매급	도매금	배곱	배꼽
돌맹이	돌멩이	번번히	번번이
돌뿌리	돌부리	법썩	법석
돐	돌	부줏돈	부좃돈
되먹지	돼먹지	삭월세	사글세
뒤치닥거리	뒤치다꺼리	산봉오리	산봉우리
뒷꿈치	뒤꿈치	산수갑산	삼수갑산
딸국질	딸꾹질	삵괭이	살쾡이
또아리	똬리	삼가해야	삼가야
똑닥선	똑딱선	삿바	샅바
마늘쫑	마늘종	상대묘사	성대모사
마추다	맞추다	상치	상추
멋적다	멋쩍다	생각컨대	생각건대
멥씨	맵시	서슴치	서슴지
멧돌	맷돌	석박지	섞박지
명난젓	명란젓	설겆이	설거지
무우	무	소금장이	소금쟁이
미류나무	미루나무	수양	숫양
미싯가루	미숫가루	숫기와	수키와
바래다	바라다	숫소	수소
바램	바람	쌍동이	쌍둥이
발뒷굼치	발뒤꿈치	쌍둥밤	쌍동밤
발자욱	발자국	쑥맥	숙맥
방구	방귀	알맞는	알맞은

틀린 표현 (비표준어)	맞는 표현 (표준어)	틀린 표현 (비표준어)	맞는 표현 (표준어)
알타리무	총각무	쭈꾸미	주꾸미
어렴살이	어렴사리	찌게	찌개
에그머니	에구머니	천정	천장
엥간하면	엔간하면	총뿌리	총부리
오뚜기	오뚝이	추스리다	추스르다
오무리다	오므리다	치루다	치르다
오얏	자두	치뤄야	치러야
오이소배기	오이소박이	칠흙	칠흑
외토리	외톨이	코배기	코빼기
요세	요새	콧망울	콧방울
우뢰	우레	통채로	통째로
웅큼	움큼	틈틈히	틈틈이
웬지	왠지	퍼래서	퍼레서
윗어른	웃어른	퍼래지더니	퍼레지더니
으례	으레	풀소	푿소
이면수	임연수어	할일없이	하릴없이
일찌기	일찍이	해꼬지	해코지
있아오니	있사오니	햇쌀	햅쌀
있읍니다	있습니다	허드레일	허드렛일
장단지	장딴지	호루루기	호루라기
재털이	재떨이		
정안수	정화수		
지겟군	지게꾼		
짐작컨대	짐작건대		

2. 우리말로 써야 할 외래어

외래어	우리말 대체어
~룩	~풍, ~차림
5G	5세대
AI	인공지능
AR	증강현실
ASF	아프리카돼지열병
BRT	간선급행버스, 간선급행버스 체계
CES	세계 가전 전시회
ELS	주가연계증권
EU	유럽연합
FDA	미국 식품의약품청
FTA	자유 무역 협정
G20	주요 20개국
GDP	국내 총생산
ICBM	대륙 간 유도탄, 대륙 간 탄도 유도탄, 대륙 간 탄도탄
ICT	정보 통신 기술, 정보 문화 기술
IOC	국제올림픽위원회
IP	지식 재산
IPO	기업 공개, 주식 공개(상장)
IPTV	인터넷 텔레비전(티브이)
IT	정보 기술
K팝	케이팝, 한국 대중가요
LNG	액화천연가스

필요할 때 찾아보는 **교정·교열 안내서**

외래어	우리말 대체어
LPGA	미국여자프로골프(협회)
M&A	기업 인수 합병, 인수 합병
MOU	업무 협정, 업무 협약, 양해 각서
NSC	국가 안전 보장 회의
OECD	경제협력개발기구
OLED	유기 발광 다이오드
OPEC	석유 수출국 기구
P2P	개인 간 공유
QR코드	정보무늬
R&D	연구 개발
RSV	호흡기 세포융합 바이러스
SNS	누리소통망, 사회관계망
SOC	사회간접자본
SW	소프트웨어
TF	특별 전담 조직, 특별팀, 전담 조직, 전담팀
USB	이동형 저장 장치, 유에스비
VR	가상현실
VS	대
WHO	세계보건기구
WTO	세계무역기구
가드레일	보호 난간
가스라이팅	심리적 지배
가이드	길잡이, 안내, 안내자, 지침서
가이드라인	기준, 방침, 지침

외래어	우리말 대체어
가이드북	길잡이, 길잡이 책, 안내서, 지침서
갤러리	그림방, 화방
갭투자	시세차익 투자
거버넌스	관리, 민관 협력, 정책, 행정, 협치
게스트	손님
게이머	게임 사용자
게이지	계기, 성능, 측정기
게임머니	게임 화폐
고글	보안경
굿즈	문화 상품, 팬 상품
그라피티	길거리 그림
그래픽	그림
그린	녹색, 친환경
그린 오션	친환경 시장
그립	손잡이, 손잡이 쥐기(법)
글로벌	국제, 국제적, 세계, 세계적, 지구촌
글로벌 브랜드	세계적 상표
글로벌 파트너십	국제 동반관계
기프트	선물, 기증품
기프트 카드	상품권 카드
기프트콘/기프티콘	선물권, 상품권
긱 이코노믹	일시 고용 경제
내추럴 컬러	자연색
네버엔딩	끝없는

외래어	우리말 대체어
네일아트	손톱 꾸미기
네일케어	손톱 관리
네트워크	관계망, 교류, 연결망, 연계망
네티즌	누리꾼
노믹스	경제 정책
노쇼	예약 부도
노스모킹	거침없다
노이즈	소음, 잡음
노이즈마케팅	구설수 홍보, 구설 홍보
노코멘트	논평 보류, 언급 안함
노키즈존	어린이 제한, 어린이 제한 공간
노하우	기술, 비결, 비법, 방법, 요령
뉘앙스	어감, 말맛, 느낌
뉴스레터	소식지
뉴트로	신복고
뉴페이스	새 인물
다운로드	내려받기
다크서클	눈 그늘
닥터헬기	응급헬기
더치페이	각자내기
데드라인	한계선, 최종 한계, 마감, 기한
데미지	손상, 충격, 손해
데스노트	부적격자 명단
데스크	창구

외래어	우리말 대체어
데코레이션	장식, 장식품
도미노	연쇄, 파급
도핑	약물복용, 불순물 첨가
드래그	끌기
드레스코드	옷차림 약속
드로잉	그림, 그리기
드림팀	환상팀
득템	얻음
디데이	마감일, 예정일
디브이디(DVD)	디지털 비디오
디엠(DM)	우편 광고, 우편 광고물
디지털 트윈	가상 모형, 디지털 복제, 디지털 복제물
디테일	부분, 세부
디톡스	해독(요법)
디퓨저	방향기
딜레마	궁지, 진퇴양난
딜리버리	배달
라벨	상표
라스트	마지막, 최종
라운드	판, 회전, 무대
라운지	맞이방, 휴게실
라이더	운전자, 배달원
라이징 스타	떠오르는 별
라이트	조명, 조명등

외래어	우리말 대체어
라인업	출연진, (출전) 선수 명단, 구성원, 제품군, 진용, 순번
랜덤	무작위, 막
랜덤박스	무작위 상품
랜덤채팅	무작위 채팅
랜드	토지, 공원
랜드마크	마루지, 상징물(건물), 대표 건물
랜섬웨어	금품 요구 악성 프로그램
랠리	주고받기, 자동차 경주
랭크	순위
러닝타임	상영시간
러브콜	부름, 구애 신호
럭셔리 브랜드	고가품
레벨	단계, 수준
레벨 업	수준 올리기
레어	드문, 살짝 익힌
레어템	희귀품
레이더	전파 탐지기
레이서	사이클 경기자, 경주자
레이싱	경주, 경쟁, 달리기
레트로	복고풍
로그아웃	접속 해지, 나가기
로드맵	단계별 이행안, 이행안, 일정 계획
로딩	탑재, 떠오름
로스쿨	법학전문대학원

외래어	우리말 대체어
로스팅	볶은, 볶기
로컬	지역, 지방, 현지
로컬푸드	지역 먹을거리, 향토 먹을거리
로켓 배송	빠른 배송
로펌	법률 회사, 법률 사무소
로프	밧줄, 줄
론칭(런칭)	신규 사업 개시, 출시
루머	소문, 풍문
루저	실패자, 패배자
루키	신인 (선수)
루트	통로, 경로
룸메이트	방 친구
르포	보고 기사, 현지 보고, 현장 보고, 현장 보고서
리그	대전, 시합장, 연맹전, 연맹
리뉴얼	새 단장, 재구성
리모델링	구조 변경, 새 단장
리미티드 에디션	한정품, 한정판
리베이트	대가성 불법 사례금, 뒷돈, 사례비
리뷰	검토, 소개, 비평, 평론, 후기
리뷰어	검토자, 논평가, 후기 작성자
리서치	조사연구
리셋	재시동
리스크	손해, 위험
리스펙트	존경

외래어	우리말 대체어
리액션	반응
리얼	진짜의, 현실적인, 실제의
리얼리티	사실성
리워드	보상(금)
리콜	결함 보상, 결함 보상제, 결함 고침, 시정 조치
리터러시	문해력
리턴	되넘기기, 되돌아오기
리테일	소매, 소매 금융
리폼	개량, 수선
리플	댓글
리플레이	다시 보기, 재현
링크	연결
마리나	해안 유원지
마스터 리스	재임대
마우스 패드	마우스 판, 마우스 받침
마이너	비주류
마이데이터	개인 맞춤형 정보, 개인 정보
마이스	전시산업
마인드	태도, 자세, 마음가짐, 정신
마인드컨트롤	심리 통제, 심리 제어, 심리 조절
매뉴얼	설명서, 안내서, 지침, 지침서
매치	맞춤, 경기, 대결, 연결
매치 메이킹	상대 결정
매칭	대응, 맞춤, 연결, 연계

외래어	우리말 대체어
매크로	거시적
머니 게임	돈놀이
머니 무브	자금이동
머신	틀, 기계
멀웨어	악성 프로그램
멀티미디어	다중매체, 복합 매체
멀티탭	모둠 꽂이, 모둠전원 꽂이
멀티플레이어	만능선수
메가	초대형
메가 딜	초대형 거래
메디컬	의료
메르스	중동호흡기증후군
메이저	주류, 대형
메인	주, 주요
메인 이벤트	주 경기, 주 행사
메인 캐릭터	주요 인물
메카	중심, 중심지
메타버스	가상 융합 세계, 확장 가상 세계
멤버 체인지	선수 교체, 선수 바꿈
멤버십	회원, 회원제
멤버십 카드	회원증
모니터링	감시, 검토, 관찰, 살핌, 점검, 조사
모듈	조립식
모드	양식, 방식

필요할 때 찾아보는 **교정·교열 안내서**

외래어	우리말 대체어
모멘텀	동력, 전환 국면, 추동력
모바일	이동통신
모바일 결제	이동통신 결제
모바일앱	이동통신 앱, 이동통신 응용프로그램
모빌리티	이동 수단, 탈 것
모토	신조, 좌우명, 제목, 표어, 목표
무비스타	영화배우
뮤지션	음악가, 가수
뮤지엄	박물관
미니멀	최소의
미니멀라이프	단순한 생활방식
미니어처	소품, 작은 모형
미디어	대중 매체, 매체
미디어 플레이어	매체 재생기
밀레니얼	천년 세대, 새천년 세대
바리스타	커피전문가
바우처	이용권
바이어	구매자, 수입상
바이오	생명, 생체
바이오 헬스	생명 건강, 생명 건강 산업
바이크	자전거, 오토바이
바코드	막대 표시, 줄 표시
박스오피스	매표소, 흥행 수익
백업	받쳐주기, 뒷받침, 보관

외래어	우리말 대체어
백업 파일	복사 파일, 보관본(파일)
백팩	배낭
밸리	지구, ~골, ~지
뱅크 런	인출 폭주
버라이어티	종합 예능
버스킹	거리공연
버전	판
버킷리스트	소망 목록
번아웃 증후군	탈진 증후군
벌룬	기구
베스트 멤버	주전 선수
베이스	기준, 기본, 바탕
베타 테스트	출시 전 시험
벤처 캐피털	벤처 기업 자본, 벤처 투자 자본, 벤처 투자사
보이스	음성
보이콧	거절, 거부, 배척
본드 런	채권 매도 사태
부스	~관, 공간, 모선, 칸
북 콘서트	출판기념회, 작가와의 만남
뷰어	보는 사람, 보는 장치
뷰티 케어	미용법, 미용 관리
브랜드숍	전속매장
브레인	핵심, 두뇌
브레인스토밍	생각 쏟아내기

외래어	우리말 대체어
브렉시트	영국의 유럽연합 탈퇴
브로커	중개인, 거간
브리지	다리, 연결, 작은 구멍 간격
브이로그	영상 일기
블라인드	가리개, (정보) 가림
블랙리스트	감시 대상, 요주의자 명단
블랙아이스	(노면/도로) 살얼음
블루푸드	수산 식품
비거노믹스	채식 산업
비건	채식주의자
비주얼	시각의, 시각자료
비즈니스 모델	사업 모형
비하인드 컷	미공개 장면, 미공개 영상
빅뱅	대폭발, 대변혁
빅텐트	초당파 연합, 포괄 정당
빈티지	중고, 중고풍
빈티지 패션	중고 패션, 골동 패션, 옛 멋 패션
빔프로젝터	빔 투사기
사드	고고도 미사일 방어 체계
사모펀드	소수 투자자 기금
사스	급성호흡기증후군
사이드카	호위 차량
사이버머니	가상 화폐
사이트	공간, 누리집, 지점

외래어	우리말 대체어
샌드박스	모래사장, 안전놀이터
샘플링	표본 추출, 표본, 표본화
서밋	회담, 정상 회담
서버	메김 선수
서킷브레이커	일시 매매 정지
서포터스	응원단, 체험단, 홍보단, 후원자
세단	승용차
세션	부, 분과, 시간
세팅	설치, 배치
섹션	분야
섹시가이	매력남
센서	감지기
셀럽	유명인, 명사
셔틀 외교	왕래 외교
셧다운	중단
셰어 하우스	공유 주택
셰어링	공유, 자원 공유
소비 트렌드	소비 흐름, 소비 경향
소셜 네트워크 서비스	누리소통망, 사회관계망 서비스
소셜 미디어	누리 소통 매체
소셜 벤처	사회적 벤처
솔로 이코노미	1인 가구 경제
쇼케이스	선보임 공연, 시범 전시
슈퍼 사이클	장기 호황

필요할 때 찾아보는 **교정·교열 안내서**

외래어	우리말 대체어
슈퍼파워	초강대국, 초강자
스리디(3D)	삼차원
스릴러	공포물, 괴기물
스마트 가전	지능형 가전
스마트 공장	지능형 공장
스마트시티	지능형 도시
스마트워치	지능형 시계, 무선통신 시계
스마트팜	지능형 농장
스몰 웨딩	작은 결혼식
스미싱	문자 사기, 문자 결제 사기
스윙	휘두르기, 채 휘두르기, 팔짓기, 몸 비틀기
스케일업	규모 확장, 확장, 확대
스크래치	흠집, 맞겨루기
스킨케어	피부 관리, 피부 치료
스킬	기술
스타일리스트	맵시가꿈이
스타일리시	멋진, 우아한
스타트업	새싹 기업, 신생 기업, 창업 초기 기업
스탠더드	표준, 기준
스터디그룹	공부모임
스터디룸	공부방
스토리북	동화책
스토어	가게
스톡	잔액, 잔량

외래어	우리말 대체어
스톱워치	초시계
스트리밍	바로 재생, 실시간 재생
스페셜리스트	전문가
스페이스	공간, 여백, 빈데, 빈 곳, 사이
스펙트럼	색깔, 파장, 층
스포일러	영화헤살꾼, 줄거리 폭로자
슬로건	강령, 구호, 표어
슬로패션	친환경 패션
슬로푸드	정성 음식
시그니처	서명, 특징
시너지	동반 상승, 동반 상승효과, 상승, 상승효과
시뮬레이션	모의실험, 현상 실험
시스루	비침 옷
시에스(CS)	고객 만족
시즌	철, 경기철, 계절, ~번째 이야기, ○차
시즌오프	계절 마감, 계절 할인
시티투어	도시관광
신 스틸러	명품 조연
실루엣	음영, 윤곽선
실버푸어	노년 빈곤층, 노후 빈곤층
심포지엄	집단 토론 회의, 학술 토론회, 학술 토론 회의
심플	단출하다
싱크로율	일치율
싱크탱크	두뇌 집단, 참모 집단

외래어	우리말 대체어
싱크홀	함몰 구멍, 땅 꺼짐
아듀	안녕
아우라	기품
아이디어	생각
아이에스에이(ISA)	개인 종합 자산 관리 계좌
아이오티(IOT)	사물 인터넷
아이콘	그림 단추, 상징(물)
아이템	상품, 소재, 종목, 품목, 항목
아이티(IT)	정보 기술
아트센터	예술관, 예술회관, 문화예술관
아트테크	예술품 투자
아티스트	예술가, 음악가
안티 사이트	반대 사이트
알파인	산악 경기
앙상블	합주단, 조화
애드리브	즉흥 대사, 즉흥 연기, 즉흥 연주
애플리케이션(어플)	응용(프로그램)
앰배서더	대사
앱 마켓	앱 장터
앱스토어	앱 장터
어닝 쇼크	실적 충격
어워드	상, 시상식
언박싱	개봉(기)
언택트	비대면

외래어	우리말 대체어
업데이트	갱신
업로드	올리기, 올려주기
에너지 바우처	에너지 사용권, 에너지 상품권
에듀테크	교육 기술, 교육 정보 기술
에디션	판
에이전트	대리점, 대리인, 대행인, 대리상
에코	친환경, 환경친화
에코백	친환경 가방, 천 가방
엑소더스	탈출, 대이동
엑스포	박람회
엔지니어링	기술개발, 공학
엔터테인먼트	연예, 오락
엔트리	참가자 명단, 선수 명단
엠블럼	상징, 상징표
오프라인	현실 공간
오픈뱅킹	공동망 금융거래
오피스	사무실
올누드	알몸
올킬	싹쓸이
옴부즈맨	민원 도우미
워라밸	일과 삶의 균형
워크숍	공동 인수, 공동 수련, 연수회, 연찬회
워크홀릭	일 중독자, 일벌레
워킹 그룹	실무단, 실무 협의단

외래어	우리말 대체어
워킹 대디	일하는 아빠, 직장인 아빠
워킹 슈즈	산책화
워킹그룹	실무단, 실무협의단
원스톱	일괄, 통합, 한자리
원포인트	단건 집중, 요점
월드클래스	세계 수준
웨이트트레이닝	근력 훈련, 근력 강화 훈련
웹	누리(망)
웹사이트	누리집
웹서핑	누리 검색, 웹 검색, 인터넷 검색
위너	승자
위크	주, 주간
위트	재치, 기지
유니콘 기업	거대 신생 기업
유저	사용자
유커	중국 관광객, 중국인 관광객
이노베이션	기술 혁신
이모티콘	그림말, 이모티콘
이슈	논점, 논쟁거리, 현안, 쟁점
이젤	삼각대
이지 머니	저리 자금
익스트림 스포츠	극한 스포츠
인센티브	성과급, 유인책, 장려 혜택, 특전, 혜택
인터내셔널	국제, 국제적

외래어	우리말 대체어
인터넷 비제이(BJ)	인터넷 방송 진행자
인터넷 커뮤니티	인터넷 동아리
인프라	기반, 기반 시설
인플레이션	물가 오름세
인플루언서	영향력자
일러스트	삽화
임팩트	영향, 충격
저널리즘	언론, 언론 문화
제너럴리스트	다방면 인재
제로 트러스트	철통 인증
젠더	성, 성 인지, 성 평등
조인트	합동, 연합
지소미아	한일군사정보 보호협정
챌린저	도전자
챌린지	겨루기, 경진 대회, 공모전, 대회, 도전 잇기, 참여 잇기
체크리스트	점검표
체크포인트	점검 사항
체험존	체험구역
카르텔	담합, 마약조직
카메오	깜짝 출연(자)
카이스트	한국과학기술원
카테고리	범주, 갈래
칼럼니스트	시사 평론가, 특별 기고가
캐릭터	개성, 등장인물, 인물, 특징물, 특성

외래어	우리말 대체어
캐미	호흡, 궁합
캐시백	적립금, 적립금 환급
캐치	잡기, 공 잡기
캔버스	화포
캡처	갈무리, 화면 담기
커리어	경력
커뮤니케이션	소통, 의사소통
커팅	자르기, 케이크 자르기
커플룩	짝꿍차림
컨벤션	대회, 전시, 행사
컨설팅	상담, 자문, 조언
컨소시엄	연합체, 협력 모임, 협력체
컨트롤타워	사령탑, 지휘본부, 통제탑
컬렉션	수집(품), (의상) 발표회
컬처	문화
컴퍼니	기업, 회사
컴퓨터 시뮬레이션	전산 모의실험
컵홀더	컵걸이
컷오프	탈락
코디네이터	상담사, 관리자
코리빙 하우스	공간 나눔 주택
코스프레	분장 놀이, 의상 연출
코칭	지도
코팅	투명 씌움

외래어	우리말 대체어
콘테스트	경연, 경연 대회
콘퍼런스	대규모 회의, 학술 대회, 학술회의
쿼터	배당량, 한도량, 할당
크로키	속사화
크리에이터	1인 방송 진행자, 창작자, 창작 활동가, 제작자
크리에이티브	독창적, 창조적
클라우드	구름, 인터넷 기반 정보통신 자원 통합·공유
클러스터	산학 협력 지구, 연합 지구, 협력 지구
클로징	마무리, 맺음
클로징 멘트	맺음말
클릭	누름, 딸깍
클린	깨끗한, 투명한
클린존	선도 (대상) 지역, 안전 지역, 청정 지역
키보드 보안	자판 보안
키워드	핵심어
키즈	어린이
키즈존	어린이 공간
키트	도구(모음/꾸러미)
키패드	자판, 숫자판
타투	문신
태그	꼬리표, 가져다 대기
탱크로리	용기 적재차
텀블러	통컵
테마	이야기, 주제

외래어	우리말 대체어
테마송	주제가, 주제곡
테마주	화제주
테스트 베드	가늠터, 시험대, 성능 시험장
테스트 이벤트	시험 경기, 시험 행사
테이블 매너	식사 예절
테이블 세팅	상차림
테이저건	전기 충격총
테크놀로지	과학 기술
텍스트	글자, 글월, 문서, 원전
토너먼트	승자 진출전
톱클래스	정상급
투톱	2인, 두 사령탑, 두 주공격수, 쌍두
튜닝차	개조차
트래블러	여행자
트랜스젠더	성 전환자
트레이	담배 상자, 접시
트레이드	선수 교환
트레이드마크	등록상표, 상표, 상징
트레일	탐방로
트레킹	걷기, 도보여행
트렌드	경향, 유행, 흐름
티저 광고	호기심 유발 광고
티켓팅	예매, 표 사기, 검표
티타임	차담회, 휴식시간

외래어	우리말 대체어
티포트	찻주전자
팀플레이	협력
파워블로거	유명 블로거
파트너사	협력사
파트너십	동반 관계, 협력 관계
파티션	가르개, 칸막이
판타지	환상
판타지 동화	환상 동화
팔레트	갤판
팔로어	딸림벗
팔로잉	구독, 따름벗, 친구
팝아트	대중 미술
팝업	반짝, 알림창
팝업 광고	불쑥 광고
팝업창	알림창
패널	토론자, 응답자, 참석자
패러다임	구도, 사고 틀, 체계
패러디	따라하기
패밀리 레스토랑	가족 식당
패션 비즈니스	패션 사업
패션 트렌드	유행/패션 경향
패스워드	비밀번호, 암호
패스트 트랙	신속 처리제
패싱	배제, 생략, 따돌림

외래어	우리말 대체어
패치	부착제, 수정용 소프트웨어, 수정용 프로그램, 애교점, 천 조각
패턴	무늬, 옷본, 유형
팩토리	공장, 공방
팩트 체크	사실 확인
팬덤	열성 팬, 열성 조직
팬데믹	(감염병) 세계적 유행
퍼블릭	공공의, 일반의
펀드	기금, 자금
펀딩	투자, 투자 유치
페미니즘	여성주의
페스트	흑사병
페스티벌	축전, 축제
페어	박람회
페이	급료, 보수, 봉급, 치르다
페이스 실드	얼굴 가림막
펜스	장애물, 울타리
펫푸드	애완동물 먹이
포럼	공개 토론회, 대중 토론회, 토론회
포레스트	숲
포르노	도색물, 성인물, 외설물
포스트	다음, 부서, 이후, 직위
포스팅	(글) 올리기
포지션	위치, 자리

외래어	우리말 대체어
포커스	초점
포커페이스	무표정
포토라인	사진 선, 촬영 지정선
포토존	사진 무대, 사진 찍는 곳, 촬영 구역
포퓰리즘	대중 영합주의
푸드 스타일리스트	요리 예술사
푸드테크	식품 기술, 첨단 식품 기술
푸시 버튼	누름 단추
풀빌라	(전용) 수영장 빌라
풀스크린	전 화면, 전체 화면
프랜차이즈	가맹점, 연쇄점
프레(리)젠테이션	발표, 시청각 설명(회)
프레스	압박
프레임	틀, 테두리, 차체, 채 틀, 채 둘레
프레임워크	체계, 체제, 틀
프로세서	처리기
프로세스	공정, 절차
프로젝트	계획, 기획, 과제, 사업, 일감, 연구 과제
프로파일러	범죄분석(가)
프리패브	사전 제작, 사전 제작 공법
플라잉	매달기
플라자	광장, 상가
플래그십	대표 상품, 주력 상품
플랜	계획

필요할 때 찾아보는 **교정·교열 안내서**

외래어	우리말 대체어
플랜트	설비, 시설
플랫폼	기반, 승강장, 온라인 체제 기반, 장
플랫폼 노동(자)	온라인 기반 노동(자), 온라인 특수 고용 노동(자)
플레이	경기, 놀이
피규어	정밀 모형
피싱	금융사기, 사기
피톤치드	숲속 살균
피팅룸	탈의실
핀테크	금융 기술, 금융 기술 서비스
필드	현장, 경기장
필리버스터	무제한 토론, 합법적 의사진행 저지
필터링	여과
하드 트레이닝	맹훈련, 강훈련
하이브리드	복합형, 혼합형
핫 플레이스 (핫플레이스)	뜨는 곳, 인기 명소
핫라인	비상 직통 전화, 직통 전화, 직통 회선
핫토픽	관심 주제, 인기 화제
해시태그	핵심어 표시
핸드메이드	수제, 수제품
핸들링	손 닿기, 손 대기
허브	거점, 중심, 중심지
헤어롤	머리 말개
호러 무비	공포 영화

외래어	우리말 대체어
호텔리어	호텔 종사자
홀로그램	3차원 입체사진
홈스쿨링	재택 교육
홈스테이	가정집 묵기, 가정 체류
화이트리스트	수출 심사 우대국
화이트보드	백판, 흰 칠판
히어로	영웅
히트 메이커	성공 제조기, 인기 제조기